KPI Checklists

KPI Checklists

Crea KPIs e informes de valor en los que puedas confiar, usando checklists como guía paso a paso

Bernie Smith & Pere Vericat Polo

Metric Press

Sheffield, England

Publicado por Metric Press

60 Bromwich Road

Sheffield S8 0GG

Email: bernie.smith@madetomeasureKPIs.co.uk

Página web: http://www.madetomeasureKPIs.com

Publicado por primera vez en Reino Unido en 2013

Revisado el 29 de enero de 2021, versión 1.0 ESP

Traducción del libro y los materiales al castellano realizada por Pere Vericat Polo

Contents

Agradecimientos

He intentado una serie de cosas en la vida en las que he subestimado el tiempo, el esfuerzo y el compromiso necesarios para completarlas. De todos estos esfuerzos, ninguno ha sido más difícil de completar que escribir este libro (con la excepción de criar a dos hijos, algo en lo que todavía estoy trabajando). Sin la ayuda de mucha paciencia, nunca hubiera terminado esto. Estoy particularmente agradecido con Liz, Jenny, David Bishop, Kate Stott y Richard Holloway. También estoy agradecido a todos aquellos que mostraron su interés cuando les conté sobre la idea de este proyecto.

Agradecimientos

2

Introducción

¿Para quién es este libro?

Este libro es para aquellas personas que:

- Sean responsables de crear nuevos KPI para su organización.
- Se les ha pedido que mejoren y profundicen en los KPI existentes.
- Necesitan ayuda con los aspectos prácticos de implementar un sistema de medición.

Si sigues los pasos establecidos en este libro, deberías terminar con un sistema de medición acorde a las necesidades de tu actividad. También, terminarás con un registro estructurado y documentado que explique cómo y por qué el sistema se ha desarrollado de esta manera. Además, tendrás bien definidas las limitaciones y suposiciones que se hicieron a lo largo del camino, lo cual será de un valor incalculable para futuras mejoras.

Sobre los autores

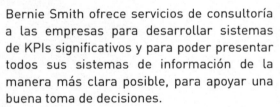

Bernie Smith ofrece servicios de consultoría a las empresas para desarrollar sistemas de KPIs significativos y para poder presentar todos sus sistemas de información de la manera más clara posible, para apoyar una buena toma de decisiones.

Como fundador de Made to Measure KPIs, ha trabajado con importantes organizaciones como UBS, Lloyd's Register, Scottish Widows, Tesco Bank, Yorkshire Building Society, RSA y muchas otras.

Durante su carrera, Bernie ha liderado equipos para mejorar las operaciones en compañías FTSE 100, utilizando las metodologías Lean y Six Sigma. Esto lo llevó hasta los Estados Unidos para ayudar a fabricantes de papel, a Finlandia con un productor de olefinas y a Wrexham para trabajar en una empaquetadora de quesos.

Bernie vive en Sheffield, Reino Unido, con su esposa y dos hijos, junto a varias máquinas de deporte que hace tiempo que no utiliza.

Pere Vericat es un emprendedor de Barcelona quien, durante su etapa de estudiante universitario, ha cofundado diferentes proyectos relacionados con el marketing y la consultoría.

Entre ellos destaca Buzzinn, una consultoría generacional con la que él y su equipo ayudaban a las empresas a conectar con la Generación Z y a ser relevantes para los consumidores más jóvenes. Algunos de sus proyectos fueron desarrollados para empresas del IBEX35 como Caixabank, BBVA, Banco Santander o Repsol.

Actualmente, Pere trabaja en Google asesorando a empresas españolas sobre cómo crecer gracias a las soluciones de publicidad que Google ofrece.

Pere conoció a Bernie en un evento de San Francisco sobre KPIs y, movido por su pasión por las métricas y la analítica, le propuso a Bernie de expandir la marca 'Made To Measure KPIs' al mercado hispanohablante..

¿Por qué se ha escrito este libro?

Una de las cosas que se han vuelto muy evidentes, sin importar la industria, es que las empresas que no tienen una idea clara de lo que están tratando de mejorar están destinadas a obtener resultados decepcionantes.

Puede parecer que los KPIs son algo que deberías poder coger y utilizar directamente, como un software o una plantilla. Pero la verdad es que los KPIs son una representación detallada de tu negocio y de las aspiraciones que se tienen.

Los libros sobre KPIs normalmente se dividen en uno de estos tres campos:

- Hablan sobre los objetivos a un nivel estratégico sin decirte cómo aplicarlo en la práctica.
- Están enfocados en software y en la mecánica de la medición.
- Se centran en un tipo de gestión muy específica, como los recursos humanos o las ventas.

Este libro no encaja en ninguna de estas categorías. Su objetivo es ser una guía práctica y paso a paso que te lleve desde las primeras preguntas tipo '¿Qué es lo que estás tratando de lograr con tu negocio? o '¿Cómo puedes transmitir esto a las personas adecuadas y asegurarte la buena voluntad del equipo?' hasta '¿Cómo recopilas físicamente esta información y te aseguras de que se analice de la manera más indolora posible?'

Soy consciente de que este es el tipo de libro que leerás porque tienes un objetivo que alcanzar, no solo por entretenimiento, por lo que está diseñado para que puedas saltar entre las secciones según tu necesidad, aunque asegúrate de no omitir los pasos cruciales.

Una última cosa... nos encanta el 'Feedback'

Nos encanta el feedback, es lo que le da sentido a seguir escribiendo. Envíanos un correo electrónico si tienes alguna idea o pregunta: bernie@madetomeasurekpis.com. Si has encontrado este libro útil, las valoraciones realmente marcan la diferencia, así que agradeceremos si nos dejas una valoración en Amazon. ¡Mil gracias! Ahora, sigamos con el libro...

Guía de los iconos

Idea Clave

Los conceptos cruciales se marcan con un icono de idea clave. Vale la pena leerlos antes de usar las checklists, ya que ayudan a sentar las bases conceptuales.

Historia Real

Aunque este libro está muy centrado en las checklists, hemos añadido algunas experiencias e historias a lo largo del camino. Traen algunos de los consejos a la vida real y nos dan un descanso de las checklists.

Ejemplo

Los ejemplos son utilizados para explicar cómo los principios y las técnicas son aplicadas.

Trampa

Hay algunas trampas para los incautos. Este icono señala algunas de las que más he visto o en las que he caído.

Consejo

A veces hay atajos o mejores formas de hacer las cosas. Busca este dedo pulgar para obtener consejos prácticos.

Checklist

El principal atractivo de este libro son las checklists. Hay muchas de ellas y están claramente marcadas con este icono.

Puedes descargarte las plantillas que aparecen en el libro desde mi página web. Aquí tienes el enlace:

https://madetomeasurekpis.com/descargas-del-libro-kpi-checklists/

Idea Clave

¿Qué es un KPI?

En primer lugar, seamos claros a qué nos referimos con un KPI. El significado literal es "indicador clave de rendimiento".

Solo saber lo que significan las iniciales no nos sirve de mucho. Entonces, ¿qué significa realmente?

Solo saber lo que significan las iniciales no nos sirve de mucho. Entonces, ¿qué significa realmente?

- Indicador significa ... "algo que indica el estado o nivel de alguna cosa".
- Clave significa que ... "proporciona un medio para lograr o comprender algo".
- Rendimiento significa ... "una acción o procedimiento en particular".

Dicho en un lenguaje más simple, un KPI es algo que:

- te muestra cómo te va en...
- una actividad particular...
- para lograr un nivel o resultado particular.

De hecho, es casi exactamente lo mismo que una "medida" o "métrica". La única diferencia real es que la palabra "clave" implica que es "realmente importante". Generalmente usaremos el término KPI en este libro. Puedes entender KPI, métrica y medida como conceptos similares e intercambiables.

Por qué las finanzas no deberían poseer (todos) tus KPIs

Un punto importante es que los KPI no son solo métricas financieras. Las métricas financieras son cruciales en muchas organizaciones, pero también están "rezagadas", lo que significa que nos cuentan lo que sucedió después de que el evento pase. Los KPIs también deberían ayudarnos a ver lo que viene, no solo lo que ha pasado. Es como la diferencia entre un espejo retrovisor (indicador del pasado) y tener un parabrisas (indicador del camino). Necesitas ambos. La vida se vuelve considerablemente más arriesgada sin una visión clara del camino que tenemos por delante. Un buen cuadro de mandos tendrá una combinación de indicadores financieros y no financieros, del pasado y del camino.

Idea Clave

Los siete pasos para la felicidad del KPI

El enfoque de este libro se basa en seguir una serie de pasos estructurados conocidos como el Sistema KPI Orientado a Resultados o ROKS.

Estos pasos comienzan con asegurarse de que sus objetivos estratégicos sean claros como el agua y lo lleven hasta un panel de control o cuadro de mandos totalmente funcional. Hay siete pasos principales, cada uno dividido en subpasos. Esto significa que hay muchas etapas en el método, para que sea lo más fácil de seguir posible. Cada paso consiste en:

- Una breve descripción.
- Un ejemplo, ilustración o historia para ayudar a la comprensión.
- Una serie de checklists que recopilan los pasos clave, preguntas o requisitos para poder completar ese paso con éxito.

Los pasos principales se muestran en la Fig. 0.1. No te preocupes demasiado por tratar de descubrir las sutilezas de cada uno ahora mismo, sobre eso tratará el resto del libro...

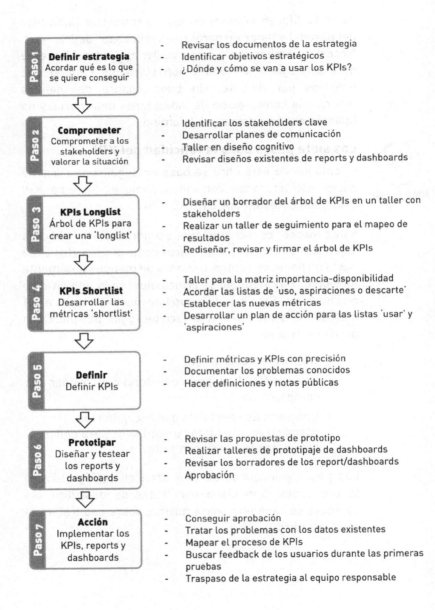

Paso 1
Definir estrategia
Acordar qué es lo que se quiere conseguir

- Revisar los documentos de la estrategia
- Identificar objetivos estratégicos
- ¿Dónde y cómo se van a usar los KPIs?

Paso 2
Comprometer
Comprometer a los stakeholders y valorar la situación

- Identificar los stakeholders clave
- Desarrollar planes de comunicación
- Taller en diseño cognitivo
- Revisar diseños existentes de reports y dashboards

Paso 3
KPIs Longlist
Árbol de KPIs para crear una 'longlist'

- Diseñar un borrador del árbol de KPIs en un taller con stakeholders
- Realizar un taller de seguimiento para el mapeo de resultados
- Rediseñar, revisar y firmar el árbol de KPIs

Paso 4
KPIs Shortlist
Desarrollar las métricas 'shortlist'

- Taller para la matriz importancia-disponibilidad
- Acordar las listas de 'uso, aspiraciones o descarte'
- Establecer las nuevas métricas
- Desarrollar un plan de acción para las listas 'usar' y 'aspiraciones'

Paso 5
Definir
Definir KPIs

- Definir métricas y KPIs con precisión
- Documentar los problemas conocidos
- Hacer definiciones y notas públicas

Paso 6
Prototipar
Diseñar y testear los reports y dashboards

- Revisar las propuestas de prototipo
- Realizar talleres de prototipaje de dashboards
- Revisar los borradores de los report/dashboards
- Aprobación

Paso 7
Acción
Implementar los KPIs, reports y dashboards

- Conseguir aprobación
- Tratar los problemas con los datos existentes
- Mapear el proceso de KPIs
- Buscar feedback de los usuarios durante las primeras pruebas
- Traspaso de la estrategia al equipo responsable

Fig. 0.1: Pasos del proceso "Sistema KPI Orientado a Resultados / ROKS"

¿Por qué usar las checklists?

Soy un gran admirador de las checklists. Si las has usado y te encantan, genial. Si todavía necesitas un poco de persuasión, te recomiendo por completo "The Checklist Manifesto" de Atul Gawande. Es una explicación muy fácil de leer y muy convincente de cómo las checklists pueden ayudar a casi cualquier empresa, cómo funcionan y cuándo usarlas. Los detalles completos de su libro están en la Bibliografía.

Una de las cosas que aprendí del libro de Gawande fue que las checklists se remontan a una competición de las Fuerzas Aéreas de los Estados Unidos en 1935.

Historia Real

Historia verdadera: La historia de las checklists - Inspiración desde las cenizas

En el verano de 1934, el Cuerpo Aéreo de los Estados Unidos propuso reemplazar el bombardero B-10 con un nuevo bombardero multimotor. Tenía que poder volar al menos 1,020 millas, ser capaz de transportar una carga de bombas de 2,000 libras y alcanzar al menos las 200 mph. Las especificaciones técnicas se distribuyeron a los principales fabricantes de aviones. Sus prototipos serían evaluados en una competición.

Al darse cuenta de que no podían mejorar sustancialmente los diseños existentes de aviones bimotores, Boeing optó por un diseño radical de cuatro motores. Trabajando en total secretismo, Boeing ideó el Modelo 299.

Su primer vuelo fue en julio de 1935 y mostró innovaciones como sus alas para un mejor rendimiento a bajas velocidades, pestañas de ajuste eléctrico en sus paneles de control para un mejor manejo, una hélice de velocidad constante operada hidráulicamente y una serie de otras ideas nuevas.

Fue toda una sensación y fue rápidamente apodado "Flying Fortress (Fortaleza Voladora)" por la prensa. Fue el claro favorito para ganar la competición, superando todos los requisitos de especificaciones técnicas con un buen margen. No había nadie para recogerlo cuando este fue enviado a Dayton para su revisión. "Nadie lo esperaba hasta dentro de una hora más", así que imagina su velocidad.

El 30 de octubre de 1935 despegó el prototipo, junto a una multitud de espectadores. Leslie R. Tower, piloto de pruebas senior de Boeing, estaba de observador. En los controles estaba el comandante Ployer P. Hill, el piloto de pruebas jefe del Cuerpo Aéreo. El avión se elevó a 300 pies, se detuvo, giró hacia un lado y se estrelló contra el aeródromo, explotando.

La investigación mostró que una función de seguridad recientemente añadida, una cerradura en el elevador, no se había apagado antes del despegue. La cerradura tenía el objetivo de evitar que las superficies de control fueran dañadas por los fuertes vientos cuando el avión estaba en tierra.

El mecanismo se controlaba desde la cabina del piloto, pero nadie se acordó de apagarlo antes del despegue, lo que provocó el accidente. Esto fue a pesar de la participación de Tower, que probablemente sabía más sobre el avión que cualquier persona en este mundo, y Hill, el piloto de pruebas más importante del Cuerpo Aéreo.

El Estado Mayor concluyó que "ya que el avión se estrelló, debía ser demasiado complejo para que cualquiera pueda manejarlo con seguridad". Finalmente solicitaron 133 aviones de la competencia, el Douglas B-18 Bolo.

Fue un golpe devastador para Boeing, que casi los dejó fuera de los negocios.

Aún convencidos de los beneficios del "Flying Fortress", un grupo de pilotos de prueba decidió utilizar un enfoque diferente. En lugar de centrarse en "más formación" para los pilotos, elaboraron una lista simple de cosas que deberían verificarse antes y durante el despegue.

Armados con este nuevo enfoque, y utilizando un vacío legal que permitió a Air Corps comprar otros 13 aviones para "pruebas", pudieron volar 1.8 millones de millas con el Modelo 299 sin incidentes. El Cuerpo Aéreo de los EE. UU. Se fue convenciendo lentamente de los beneficios del modelo, y terminaron ordenando casi 13.000 de ellos.

El legado que este suceso dejó fuera de la aviación fue el concepto muy simple pero poderoso de las checklists. Permite a los humanos, con nuestros recuerdos poco fiables, manejar altos niveles de complejidad con confianza y facilidad.

La medición y el generar informes se ha vuelto cada vez más complejo. Las checklists son la herramienta ideal para ayudar tanto con la implementación como con la ejecución diaria de esos procesos.

Introducción

Ponerse de acuerdo en lo que estás tratando de lograr

¿Tu estrategia es la adecuada para tu propósito?

Imagina a un amigo preguntando "¿Puedes salir a la ferretería y comprarme una herramienta?" Obviamente, tu primera pregunta sería "¿Qué herramienta estás buscando?"

Decidir sobre tus métricas e indicadores clave de rendimiento (KPI) sin tener una estrategia de negocio clara es exactamente como ir a comprar herramientas sin saber qué es lo que estás tratando de lograr o qué herramientas necesitas.

Trampa

Trampa: ten cuidado con los packs de KPI "listos para usar"

También es igualmente arriesgado usar los famosos KPI "listos para usar", si no intentas personalizar o filtrar aquello que se te ofrece. Imagínate que un completo desconocido te dice "El martillo es la herramienta más útil que un gerente puede comprar". Si tu problema está relacionado con los clavos, entonces puede tener razón. Si tienes un problema con el tamaño de una madera, entonces puedes tener un argumento bastante convincente de que la sierra es la reina de las herramientas. Sin una imagen clara de lo que se está tratando de lograr, cualquier debate sobre los beneficios de "este KPI sobre ese" se vuelve completamente desestructurado y sin sentido.

Tener claro lo que estás tratando de lograr a través de la medición es 100% esencial e imprescindible. Si se omite este paso crucial, la única manera de lograr tus objetivos será por accidente.

El siguiente paso, después de definir la estrategia, es dividir esto en un poco más de detalle. Al siguiente nivel lo llamamos objetivos estratégicos u objetivos organizacionales a largo plazo.

Siguiendo con el tema del bricolaje, me gusta especialmente la visión de la empresa B&Q (una gran cadena de bricolaje del Reino Unido):

"Tenemos una visión en B&Q: ser el primer lugar en el que alguien piensa cuando piensa en mejoras para el hogar, y el único lugar al que debe ir".

Me gusta mucho esta visión, ya que queda muy claro cómo se puede dividir en resultados medibles y específicos:

- **Para ser el primer lugar en el que alguien piensa cuando piensa en mejoras para el hogar** - esto se puede medir directamente a través de una investigación de mercado que muestre el recuerdo de los clientes de las marcas de bricolaje. También podemos observar las visitas a los locales, los clientes que repiten...
- **El único lugar al que deben ir** - hay algunas métricas muy claras y medibles en torno a las líneas de productos, las necesidades de los clientes y la gestión de las existencias.

Estoy seguro de que esta declaración de visión podría mejorarse, pero sin duda supera las visiones habituales, suaves y genéricas, centradas en el "servicio" y "darse cuenta de que las personas son nuestro activo más valioso". Probablemente valga la pena añadir que B&Q tendría otros objetivos estratégicos que no están relacionados con el cliente, pero estos dos ciertamente son un buen punto de partida.

Ejemplo

Aquí hay otro ejemplo simple. Si mi estrategia personal es "ser el primer soporte externo que un gerente senior de servicios financieros del Reino Unido FTSE 100 contacte cuando necesite ayuda con las métricas y KPI", entonces mis objetivos estratégicos podrían ser:

- Convertirme en el autor británico más buscado sobre KPI y métricas.

- Desarrollar una marca personal y ser un referente online y en las redes sociales, superando las otras ofertas que existen en el Reino Unido.
- Realizar cada año más de seis meses de proyectos relacionados con KPI para las empresas de servicios financieros del Reino Unido FTSE 100.

Aunque no he puesto muchos objetivos medibles y específicos, están bastante definidos sin ser demasiado específicos. Ten cuidado con los objetivos confusos, con palabras como "excelencia", "aspirar", "fantástico", "el mejor del sector" y "genial", ya que terminarás teniendo un debate interminable sobre lo que realmente significa "brillante".

Estuve involucrado en uno de estos debates por lo menos durante una hora, con un grupo de personas muy brillantes y motivadas. Hoy en día todavía no hemos podido ponernos de acuerdo para cerrar ese debate.

Es mucho mejor comenzar con un poco de claridad. Si tiene objetivos estratégicos mal redactados, entonces tiene que trabajar para hacerlos más claros y específicos.

Un buen indicador de que están en el nivel correcto de detalle es la cantidad de objetivos estratégicos. Debes esperar tener entre dos y siete. Si tienes menos de tres, probablemente no estarás dividiendo tu estrategia lo suficiente y, si tienes más de siete, corres el riesgo de confundir a tu equipo o a ti mismo al tener un enfoque demasiado fragmentado.

Consejo

Este libro no tiene la intención de ayudarte a desarrollar tu estrategia. Hay muchos libros excelentes para ayudarte a hacer esto. En concreto, recomendaría el libro de Harvard Business Review 'On Strategy', que incluye 10 artículos sobre estrategia de muy alta calidad y sorprendentemente fáciles de leer (detalles completos al final de este libro).

Lo crucial es que tu estrategia sea la adecuada para el trabajo previsto.

Ahora, con suerte, tu organización tiene una estrategia clara, desglosada en objetivos de forma fácilmente accesible. Si lo has hecho, entonces necesitas cogerla y revisarla varias veces. Una vez que lo hayas hecho, usa la checklist que he incluido en la siguiente página para ver si es una estrategia que te va a ser realmente útil:

Checklist

'Estado de salud' de la estrategia

❑ ¿Está la estrategia escrita?

❑ ¿Tiene sentido la estrategia para un lector inteligente pero no especializado?

❑ ¿Existe un amplio consenso entre la gerencia de que la estrategia es correcta?

❑ ¿La estrategia es relevante para los tomadores de decisiones clave de la organización? (¿Alguno de ellos la descarta cuando la comentáis?)

❑ ¿Está la estrategia vinculada a unos objetivos estratégicos claros y específicos?

❑ ¿Las descripciones de los objetivos estratégicos son físicamente accesibles para todos los gerentes dentro de la organización? ¿Tienen acceso fácil a una copia en papel o electrónica?

❑ ¿Son los objetivos estratégicos amplios y "sin fecha" (en lugar de ser simplemente acciones importantes que se completarán en algún momento)?

❑ ¿Los gerentes de toda la organización están familiarizados con los objetivos estratégicos, sin tener que meterse en la intranet o buscar trozos de papel?

❑ ¿Están los tomadores de decisiones clave trabajando para la estrategia o intentando trabajar para la estrategia?

❏ ¿La estrategia actual sigue siendo relevante y está actualizada para la situación de la organización?

❏ ¿Hay menos de siete objetivos estratégicos?

Si la respuesta a cada una de las preguntas anteriores es "sí", entonces está en una excelente posición para comenzar a desarrollar sus métricas. Si una o más de sus respuestas es "no", entonces gran parte de su arduo trabajo podría romperse si comienza a crear métricas sin solucionar los problemas de la estrategia.

El primer taller que hice después de crear Made to Measure KPIs, sobre crear métricas para una gran organización sin fines de lucro, identificó rápidamente que no había una estrategia clara para esa organización. En lugar de desarrollar un conjunto de métricas de trabajo, como estaba planeado, terminamos pasando una gran parte de la sesión debatiendo cuáles deberían ser nuestros objetivos estratégicos. Aprendí ya desde pronto que no tener estrategia equivale a no poder tener métricas de valor.

Una estrategia clara que cree un conjunto de métricas alineadas significará que la mayoría de las personas en la organización están trabajando en la misma dirección, al mismo tiempo. Un conjunto de métricas y KPI mal diseñados significará que la alineación y la colaboración probablemente sean aleatorias y estén mal gestionadas.

Historia Real

Caos perfecto

Solo para subrayar este punto, os comparto una historia sobre cuándo trabajé con una empresa de servicios financieros que se dio cuenta que la tasa de error en su proceso era estratégicamente importante. Crearon una tarjeta de puntuación que se centró casi por completo en la métrica de "solucionar las quejas a la primera" y la vinculó directamente con los bonos de su personal. Si alcanzaban el 99.9% de calidad obtendrían sus bonos. Curiosamente, casi todo el equipo obtuvo su bonificación, pero el volumen de quejas se triplicó en los dos años posteriores a la introducción del esquema de métrica / recompensa.

¿Cuál es la diferencia entre un objetivo estratégico y una misión?

Hay una línea borrosa entre las declaraciones de misión y los objetivos estratégicos. A menudo, las pistas sobre los objetivos estratégicos están incluidas en una declaración de misión. Aquí hay algunas declaraciones notables de visión / misión de organizaciones referentes.

Ejemplo

Una declaración de misión seria y aburrida

General Motors: 'GM es una corporación multinacional dedicada a operaciones socialmente responsables en todo el mundo. Se dedica a proporcionar productos y servicios de tal calidad que nuestros clientes recibirán un valor superior, mientras que nuestros empleados y socios comerciales compartirán nuestro éxito y nuestros accionistas recibirán un rendimiento superior y sostenido de su inversión ".

Tres buenas declaraciones de misión

Innocent Drinks: 'Preparamos alimentos y bebidas naturales y deliciosas que ayuden a las personas a vivir bien y a morir más viejas'.

Sociedad Nacional de Esclerosis Múltiple: "Un Mundo Libre de EM".

Microsoft: "Un ordenador en cada escritorio y en cada hogar".

Me gustan estos porque son cortos, claramente planteados de manera cuidadosa, distintivos y se puede ver cómo podrían surgir un conjunto de KPI únicos y medibles para respaldar las declaraciones.

21

Una declaración de misión divertida

Declaración de misión de Newport News Shipbuilding and Drydock Company: Construiremos grandes barcos. Con beneficio si podemos. Con pérdidas si así debe ser. Pero construiremos grandes barcos ".

Checklist

¿Son claros los objetivos estratégicos de tu organización?

❏ ¿Se describe cada objetivo estratégico en no más de dos frases?

❏ ¿Tiene sentido la descripción del objetivo estratégico?

❏ ¿Es posible interpretar alguna declaración de una manera radicalmente diferente? (La mejor prueba es hacer que varias personas diferentes lean y expliquen lo que significa cada declaración; puede haber variaciones muy sorprendentes).

❏ ¿Hay "palabras dudosas" o "palabras de moda del management" en el objetivo estratégico? Ejemplos de palabras que no ayudan incluyen "sinergia", "excelencia", "sobresaliente" y "empoderamiento": suenan muy bien, pero son muy difíciles de precisar. Si las hay, entonces estas deben eliminarse y reemplazarse con frases claras y simples.

Si la estrategia no está diseñada cumpliendo este formato, necesitarás tener una sesión con los líderes de tu organización para asegurarte de poder convertir la estrategia en algo adecuado y de utilidad.

Estos son algunos ejemplos de objetivos estratégicos claros:

- Aumentar el capital del banco en un 11%.
- Reducir la pérdida de vidas por accidentes de tráfico en un 50%.
- Convertirse en el mayor proveedor de patos de

goma del Reino Unido.

- Ser el minorista de tarjetas de memoria con envíos por correo más rápidos.
- Tener la selección de canales de entrega digital más amplia en Europa.

Necesita tener los objetivos estratégicos de esta forma muy específica para tener las bases de cara a los próximos pasos en el proceso ROKS.

Paso 1 - Definir estrategia

24

Involucra a los stakeholders y evalúa la situación

El desafío de gestionar el cambio y la complejidad

Debido a que las organizaciones son estructuras complejas y las personas dentro de ellas a menudo están ansiosas y ocupadas, el paso "Compromiso" es uno de los pasos más fáciles para equivocarse. Averiguar con quién hablar puede ser un serio desafío.

Aquí hay algunos puntos clave que deberás abordar durante este paso:

- **Con quién hablar** - debes identificar a todos aquellos que participan en tu nueva propuesta, ya sean de producción, seguimiento o recompensas.
- **Cuán profundamente involucrarse con ellos** - no todas las partes interesadas necesitan el mismo nivel de compromiso. Necesitas un método para gestionar esto.
- **Cuál es el "mensaje"** - los KPI pueden asustar a las personas. A veces esta es una respuesta racional, a veces no. Simplemente ignorar los problemas es una receta para el desastre, por lo que necesitas una comprensión clara de qué mensaje estás tratando de transmitir a las partes interesadas.
- **Cómo se comunica** - se necesita un plan de comunicación para todas las implementaciones, excepto las más simples. Este debería incluir el método, el momento, la audiencia, el mensaje y los resultados.
- **Receptividad de los stakeholders** - la introducción de nuevos conceptos, como un diseño de cuadro de mandos totalmente diferente, puede molestar a los stakeholders, incluso si son excelentes e innovadores. Los cambios sustanciales deben estar respaldados por diálogos y formación de buena calidad. Las sesiones deben cubrir tanto el razonamiento como la ciencia detrás de los cambios.

¿Por qué desarrollar un plan de comunicación?

Usar un plan de comunicación tiene dos objetivos. En primer lugar, se asegura de que consideres cuidadosamente lo qué dices, a quién y cuándo... bastante obvio. El segundo, un poco menos obvio, es que proporciona una evidencia tangible de que se ha hecho correctamente. Siempre habrá quejas sobre una comunicación deficiente, pero la mejor manera de demostrar que su plan de comunicación se implementó correctamente es:

- Dialogar y compartir el plan por adelantado.
- Documentar el progreso del plan de comunicación durante la implementación.
- Evidenciar la entrega a través de un plan completado, después de terminarlo.

Construye un plan de comunicación

La sofisticación del plan de comunicación dependerá de varios factores. La sensibilidad política, el número de personas afectadas, el grado de cambio y la complejidad de la implementación jugarán un papel importante. Utiliza las siguientes checklists para crear tu plan de comunicación:

Checklist

Mensaje, propósito y audiencia de la comunicación

❏ **¿Por qué** te estás comunicando?

❏ ¿Qué es lo que estás tratando de cambiar a través de tu comunicación?

❏ Si tienes éxito con tu comunicación, ¿sabes qué será diferente? ¿Es esa diferencia cuantificable?

❏ ¿Entiendes lo que piensa actualmente tu audiencia? De lo contrario, es posible que debas hacer encuestas con la audiencia para poder medir cualquier cambio resultante de la comunicación.

❏ Si conoces la opinión actual de la audiencia, asegúrate de que esté documentada correctamente y se pueda consultar después de la entrega del plan de comunicación.

❏ ¿Con quién necesitas comunicarte? Utiliza la matriz RACI, explicada en la siguiente sección, para segmentar a tu audiencia.

❏ Escribe tus mensajes clave para cada segmento de audiencia, teniendo en cuenta el propósito que tienes.

Checklist

Diseñando las acciones internas de comunicación

- ❑ **Método de entrega** - ¿será presencial, por correo electrónico, intranet o videoconferencia?
- ❑ **Tiempo** - ¿Cuándo se comunicarán? ¿Cuántas actualizaciones o recordatorios recibirán?
- ❑ **Responsables** - ¿Quién entregará los mensajes? ¿Recibirán formación? ¿Están preparados y motivados?
- ❑ **Público** - ¿Tienes claro quién está incluido en las comunicaciones y qué tipo de mensaje tiene que recibir?
- ❑ **Objetivo de resultados para la comunicación** - ¿Qué deseas que la audiencia sepa, piense o haga como resultado de la comunicación?

Checklist

La entrega del mensaje

- ❑ ¿Quién comunicará el mensaje?
- ❑ ¿Qué preparación necesitan?
- ❑ ¿Has redactado "preguntas y respuestas frecuentes" y otros recursos de respaldo para sus los responsables de comunicarlo?
- ❑ ¿Cuántas personas necesitarás para asegurarte de cubrir a todo el público objetivo?
- ❑ ¿Qué otros recursos necesitas? P.ej. páginas de intranet de la empresa, documentos de SharePoint, etc.
- ❑ ¿Cómo puede tu audiencia generar feedback y realizar preguntas?
- ❑ ¿Qué medidas de control tienes para asegurarte de que el plan se entrega según lo previsto?
- ❑ ¿Cómo puedes saber si la comunicación ha sido efectiva?
- ❑ ¿Cómo sabrás si se necesita más comunicación, más allá del plan?

Checklist

Entender y recibir el mensaje correctamente

La profundidad y el método de entrega estarán determinados por:

❏ El tiempo disponible.

❏ El número de personas comprometidas.

❏ La distribución geográfica de esas personas.

❏ Los recursos de comunicación disponibles – especialmente personas para presentar en diferentes lugares y oficinas

❏ El nivel de complejidad del mensaje. La habilidad / conocimiento existente de la audiencia.

Checklist

Principios clave de comunicación

❏ Utilice la segmentación para asegurarte de no alentar a las personas a ignorar las comunicaciones.

❏ Ponte en el lugar de tu audiencia. Mira las cosas desde su perspectiva e intenta proporcionarles lo que necesitan y quieren saber.

❏ El respaldo senior puede ayudar a garantizar que las personas tomen el mensaje más en serio, siendo incluso mejor si los mensajes principales son entregados por un alto ejecutivo.

❏ Sé tan honesto como puedas ser.

❏ Si esperas un camino con bastantes obstáculos, intenta tener conversaciones 1to1 con los jugadores clave antes de cualquier sesión grupal para evitar que las sesiones se conviertan en "batallas".

❏ Acepta que no siempre tendrás toda la información correcta a mano. Si esto sucede, comprométete a obtener una respuesta y entrégala en el tiempo que has anunciado.

❏ Estar muy, muy familiarizado con el mensaje.

Idea Clave

Identificar los tipos y grupos de stakeholders

Saber con quién necesitas hablar, llegar a un acuerdo o mantenerte actualizado es fundamental para implementar medidas exitosas. Muchos proyectos de gestión de la información fracasan debido a problemas políticos o de comunicación. Esto hace que sea especialmente importante que identifiques, documentes y administres claramente a todas las partes interesadas. El primer paso es identificar quiénes son los stakeholders.

Los stakeholders se pueden clasificar de las siguientes maneras:

Originadores de datos - las personas en, o muy cerca, del punto en el que se recopilan o generan los datos. Estos podrían ser agentes o gerentes de equipo en una centralita de llamadas, por ejemplo.

Agregadores de datos - personas involucradas en reunir los datos, pero probablemente no analizarlos. A veces también serán los "empaquetadores de datos". A menudo, estas personas forman parte del área de IT de la empresa.

Empaquetadores de datos - los "empaquetadores" realizarán análisis, crearán informes y paneles. Estas personas a menudo trabajan en un equipo de gestión de la información, Business Intelligence o de reporting.

Clientes internos - las personas que usan el resultado de los empaquetadores para tomar decisiones que afectan el negocio.

Agrupar a los stakeholders en función de la relación

Las stakeholders son personas que están involucradas de alguna manera u otra con lo que estás tratando de hacer. Para identificar los stakeholders clave, yo suelo usar una herramienta muy simple (y de uso común) llamada matriz de asignación RACI. Funciona perfectamente para ayudarte a aclarar cómo necesitas involucrar e informar a tu público y también te brinda un documento para su revisión y aprobación.

Idea Clave

Definiciones RACI

Las iniciales de RACI significan:

Responsable - estas son las personas que hacen el trabajo para lograr el objetivo de la tarea.

Accountable - esta es la persona que en última instancia es responsable de completar correctamente la tarea. Esta persona firmará el informe final.

Consultado - estas son personas cuyas opiniones se buscan para validaciones. A menudo son expertos en la materia. Se genera un diálogo bidireccional.

Informado - personas que necesitan mantenerse actualizadas sobre el progreso. Suele darse una conversación unidireccional.

La idea es crear una matriz simple. En la parte superior están los encabezados de columna correspondientes a los roles dentro de la empresa. Y en el centro de la tabla están los KPIs, informes específicos, objetivos estratégicos o los resultados comerciales que se buscan conseguir.

Dependerá de la naturaleza exacta del proyecto y del número de medidas / informes involucrados. En un proyecto más grande, no será muy práctico ir a medidas individuales, por lo que se debe agrupar las tareas y objetivos de manera lógica a un nivel superior.

Luego revisa la lista sistemáticamente y hazte la pregunta "¿Es esta persona responsable, accountable, consultada o informada sobre este KPI / objetivo / resultado comercial en particular?"

Perspectiva	Objetivo	CEO	CFO	COO	HR Dir.
Dirección	Asegurar la sostenibilidad de la organización y el cumplimiento de la misión	A	R	R	R
Finanzas	Aumentar ventas en nuevos mercados		A	R	
	Aumentar productividad y margen		A	R	
	Aumentar ventas en mercados actuales		A	R	
	Aumentar valor de la marca en nuevos y existentes mercados	R	I	R	R
Stakeholder	Servicios y productos líderes en el mercado	I		R	
	Ofrecer un servicio sin complicaciones de forma constante	I	R	R	
	Entregar consistentemente valor superior a los clientes	I		A	R
Proceso	Mejorar cómo entendemos lo que necesitan nuestros clientes	C		C	
	Introducir servicios y productos innovadores y de alto rendimiento	I		C	
	Ofrecer información para tomar decisiones acertadas	I	C	C	
	Mejorar la calidad, costes y entrega en los procesos operativos		R	R	R
	Ofrecer valor de las inversiones	I	R	R	
	Retener, desarrollar y reclutar el equipo correcto			R	A
	Desplegar recursos de manera efectiva			A	R
	Asegurar que nuestro equipo está seguro	A		R	R

Fig. 2.1: Un ejemplo de la matriz RACI

Trampa

Uno de mis clientes señaló que las siglas RACI no están en orden jerárquico. De hecho, debería ser ARCI, ¡pero mejor evitemos entrar en este debate!

Entonces, para resumir, la matriz RACI te brinda una forma ordenada de agrupar

Stakeholders según la manera en que la que tienes que interactuar con ellos. Puede ser realmente útil para crear planes de comunicación, ya que puedes referirte a un bloque completo de stakeholders como, por ejemplo, "informados" y hacer referencia a su matriz RACI.

Puedes definir aún más la matriz agrupando los nombres en creadores de datos, agregadores de datos, etc.

Puede descargar una plantilla desde mi sitio web usando este enlace:

https://madetomeasurekpis.com/descargas-del-libro-kpi-checklists/

El siguiente paso es contactar con esos stakeholders.

Checklist

Hablar con los stakeholders y expertos en la materia

Por lo general, es mejor tener un mix de entrevistas semiestructuradas y talleres con los stakeholders. Una entrevista semiestructurada es aquella en la que haces preguntas abiertas y luego escuchas atentamente las respuestas. Cuando realizo una entrevista, incluyo:

Introducciones

- ❏ Sobre ti (el entrevistador), quién eres y por qué estás aquí.
- ❏ Cuáles son tus objetivos, qué buscas obtener de la entrevista.
- ❏ Si las respuestas son anónimas o no.

Sobre el entrevistado

❏ Sus antecedentes.

❏ Cuánto tiempo ha estado en su rol actual. Lo que busca obtener de la entrevista.

❏ Cualquier inquietud que pueda tener.

❏ Cualquier pregunta que pueda tener.

Las preguntas abiertas que hago incluyen:

❏ ¿A qué informes, medidas y paneles estás expuesto regularmente?

❏ ¿Cuáles son tus mayores preocupaciones sobre los dashboards y reportes actuales?

❏ ¿Qué cosa única crees que debería ser prioridad para mejorar en cuanto a métricas e informes?

❏ ¿Qué tan seguro estás de la calidad de los datos en tu organización?

❏ ¿Qué resultados te gustaría ver que no se están produciendo actualmente?

..Y algunas preguntas cerradas

❏ ¿Se te han comunicado los objetivos estratégicos de la empresa?

❏ ¿Puedes recordar esos objetivos?

❏ ¿Tienes algunos ejemplos específicos de problemas de medición o cosas que necesiten arreglarse urgentemente?

Toma notas y asegúrate de resumir los problemas a medida que avanzas para que puedas revisar fácilmente tus notas y desarrollar una visión general equilibrada. Estas preguntas pueden ser un poco agresivas si se plantean de forma incorrecta, así que asegúrate de estar tranquilo en la entrevista y deja que las cosas fluyan por sí mismas.

Talleres con stakeholders

Los talleres con stakeholders son especialmente útiles cuando estás interesado en recopilar información **relacionada con problemas** o necesitas comprender los procesos. Los talleres no son tan adecuados para explorar temas más delicados.

La mayoría de los pasos son los mismos que para una entrevista semiestructurada, aunque es aconsejable no poner tanta atención en los antecedentes de los participantes, ya que esto puede incomodar a los miembros del grupo que se sientan más incómodos.

Los puntos clave para llevar a cabo un taller exitoso con stakeholders son:

- Ser claro sobre el propósito de la sesión.
- Asegurarse de que las sesiones no sean demasiado grandes (10-12 asistentes es el límite máximo para que una persona facilite bien).
- Conocer las estructuras de gestión y asegurarse de no terminar con un gerente que dice algo y todos sus subordinados le asienten sin llevar la contraria nunca.
- Ser claro y honesto sobre la confidencialidad y el uso posterior de comentarios y citas.
- Anotar los puntos clave y reproducirlos al final de la sesión para asegurarse de que todos han entendido lo mismo.

Formar a los stakeholders en técnicas de presentaciones cuantitativas visuales

Para llegar a un consenso sobre cómo mejorar la gestión de la información y los informes en la organización, es muy útil contar con unos buenos y sólidos fundamentos teóricos sobre cómo comunicar la información con claridad. Si no tienes esto, cualquier decisión de diseño puede convertirse en una batalla, determinada por la fuerza de voluntad y la opinión superficial.

Hay una serie de expertos académicos en este campo, como Edward Tufte y Stephen Few. Han escrito algunos libros brillantes. Si bien los libros son muy interesantes, no están realmente en un formato de "How to". Para abordar esta falta de sencillez, escribí "BlinkReporting", que es una guía paso a paso que explica la ciencia detrás del buen diseño de un informe y las instrucciones sobre cómo construir un dashboard en Excel usando este mismo enfoque. "BlinkReporting" está disponible como descarga (en ingés) desde el siguiente enlace: http://bit.ly/19FqTP9

Usa el código KPIChecklists50percent para obtener un descuento del 50%.

Recomiendo totalmente leer BlinkReporting, ya que explica las ideas y teorías que hay detrás de este enfoque. Si no tienes tiempo para leerlo, hay un resumen de muy buena calidad en el Paso 6 - Prototipo: diseña y prueba tus dashboards e informes en "Prototipo de tus dashboards e informes", página 77.

Consejo

Consejo: Cómo saber qué piensa realmente la gente de un diseño

Si tu objetivo es principalmente revisar los informes o dashboards que se producen en la organización, te ayudará comenzar a mostrar a las personas algunos ejemplos de proyectos anteriores o de otras organizaciones. A menudo, su reacción inicial te dirá mucho sobre lo que realmente piensan de los documentos actuales que se están produciendo. Escucha con atención lo que dicen que les gusta y lo que no les gusta de las muestras que les enseñas, ya que esto puede ayudarte a evitar pasar por callejones sin salida más adelante en el proceso.

Aquí hay un par de ejemplos de antes y después que puede usar:

Daily Flash Card

	Avg of last month	Day 08/11/13	09/11/13	10/11/13	11/11/13	12/11/13	13/11/13	14/11/13	15/11/13	16/11/13	17/11/13	18/11/13	19/11/13
Branches													
Withdrawals Volume (£million)	19.6	15.9			31.7	17.6	15.6	17.9	26.3			18.3	17.6
Amount per Withdrawal(Average £)	46	52			50	37	41	49	42			50	36
Counter Cheques Issued (1000s)	1.7	1.6			1.2	1.5	1.5	1.6	1.2			1.8	1.9
Digital													
Successful Logins (1000s)	107	87	101	95	102	98	65	76	87	170	145	78	90
Traffic to Website (1000s)	214	172	244	209	234	207	186	342	362	243	221	388	406
Peak user journey time (seconds)	12.0	15.3			18.7	20.3	17.6	15.2	16.9			17.0	18.4
Peak concurrent sessions (users)	190	198			150	298	187	205	389			147	231
Core IT													
Service status (reds)	0	10			0	0	0	0	0			0	0
Mainframe performance	97	87			88	95	84	82	81			87	86
Customer Operations													
Customer Telephone Calls (1000s)	16.8	18	11	6	19	17	16	17	19	11	7	20	5
Calls abandoned (%)	12.3	10.6	0.3	0.2	9.2	8.6	5.1	4.3	4.7	0.9	0.8	5.0	5.6
Account Closures	200	220			267	129	164	88	279			37	166
Total Faster Payments Outbound	75.0	38.0			101.0	68.0	64.0	78.0	81.0		15.7	90.0	94.0

Fig. 2.2: Dashboard 'Antes'

Daily Flash Card
Reporting to 19th November 2013

	Avg of last month		Fri 08/11	Sat 09/11	Sun 10/11	Mon 11/11	Tue 12/11	Wed 13/11	Thu 14/11	Fri 15/11	Sat 16/11	Sun 17/11	Mon 18/11	Tue 19/11
Branches														
Withdrawals Volume (£million)	19.6		15.9			31.7	17.6	15.6	17.9	26.3			18.3	17.6
Amount per Withdrawal(Average £)	46		52			50	37	41	49	42			50	36
Counter Cheques Issued (1000s)	1.7		1.6			1.2	1.5	1.5	1.6	1.2			1.8	1.9
Digital														
Successful Logins (1000s)	107		87	101	95	102	98	65	76	87	170	145	78	90
External Funds Transfers (Volume, 1000s)	14.75		14.4	9.2	8.8	13.7	12.7	11.9	11.9	16.5	9.5	9.2	14.2	12.6
Traffic to Website (1000s)	214		172	244	209	234	207	186	342	362	243	221	388	406
Peak user journey time (seconds)	12.0		15.3			18.7	20.3	17.6	15.2	16.9			17.0	18.4
Peak concurrent sessions (users)	190		198			150	298	187	205	389			147	231
Core IT														
Service status (reds)	0		10			0	0	0	0	0			0	0
Mainframe performance	97		87			88	95	84	82	81			87	86
Customer Operations														
Customer Telephone Calls (1000s)	16.8		18	11	6	19	17	16	17	19	11	7	20	5
Calls abandoned (%)	12.3		10.6	0.3	0.2	9.2	8.6	5.1	4.3	4.7	0.9	0.8	5.0	5.6
Account Closures	200		220			267	129	164	88	279			37	166
Total Faster Payments Outbound	75.0		38.0			101.0	68.0	64.0	78.0	81.0		15.7	90.0	94.0

Version number: 1.3

Maintained by: bernie.smith@madetomeasureKPIs.co.uk
Last updated: 22nd November 2013

Fig. 2.3: Dashboard 'Después'

39

Paso 2 - Comprometer

Usa los árboles de KPI para crear una 'longlist' de métricas

Cómo equilibrar lo aspiracional con lo práctico

Siempre existe una tensión entre sus métricas ideales y la dura realidad de "recursos insuficientes", "complejidad" y "practicidad". A menudo, esta tensión puede nublar la capacidad de los gerentes para pensar objetivamente sobre cómo podría ser el conjunto ideal de KPI.

El enfoque a seguir es, primero elaborar la 'longlist' o el conjunto de métricas "ideales pero claramente no prácticas" (esta sección) para luego ya preocuparse por la practicidad y la importancia de cada métrica (la siguiente sección).

En este paso, crearás una 'longlist' de métricas candidatas a ser las adecuadas para tu dashboard o informe. Al final, no utilizarás todas las métricas generadas, aunque sí se mostrará que cada una está vinculada a unos objetivos estratégicos. Una de las herramientas clave es el "Árbol de KPI".

¿Qué es un árbol de KPI?

Un árbol de KPI es una herramienta gráfica y simple para mostrar los vínculos entre los objetivos estratégicos y las cosas que se miden en el día a día de la actividad.

Aquí un ejemplo de un árbol de KPI:

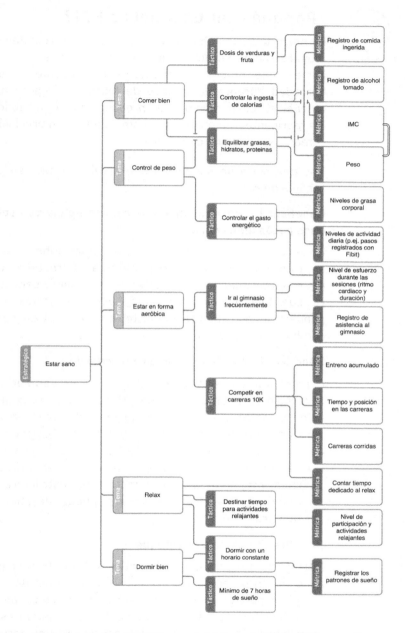

Fig. 3.1: Un ejemplo de árbol de KPI para el objetivo estratégico "Estar sano"

Idea Clave

¿Por qué usar un árbol de KPI?

La mayoría de los objetivos estratégicos son resultados muy abstractos. Es muy difícil estar totalmente de acuerdo, por ejemplo, en que se debe de medir el "contenido de humedad durante el proceso de fabricación" para así obtener el "coste más bajo de producción de entre todos los fabricantes", a menos que comprendas con precisión cómo se vincula uno con el otro.

Hay una serie de beneficios que provienen del uso de árboles de KPI.

Beneficio 1 - Resumir una situación compleja con solo unos pocos indicadores

Con el árbol de KPI, se pueden organizar las submétricas en grupos significativos. Crear métricas de resumen de los niveles superiores se vuelve relativamente sencillo, ya que todo lo que necesitas hacer es decidir las ponderaciones relativas y la aritmética que utilizar para combinar las submétricas.

Beneficio 2 - Ayuda a construir un acuerdo

Cada cliente con el que he trabajado ha presentado un personaje dominante en el grupo. Pueden hacer rebotar a un grupo en contra de un conjunto particular de métricas a través de una mezcla de argumentos racionales y fuerza de voluntad. Crear un árbol de KPI evita que esto pase a través de una serie de sesiones altamente colaborativas. También proporciona una herramienta, estructura y resultados visibles que cualquiera puede desafiar y cuestionar fácilmente.

Beneficio 3 - Explica el enfoque

Normalmente se necesitan dos talleres de dos horas para poner al grupo al día y crear con éxito un árbol de KPI complejo, pero es posible hacer que un grupo comprenda cómo leer uno con aproximadamente cinco minutos de explicación. También puede convertirse en una forma poderosa para que el ejecutivo explique su estrategia en unos términos que un grupo no técnico realmente lo pueda entender. Muestra una profundidad, coherencia y claridad de pensamiento que es raro cuando se trata de estrategias y métricas.

Beneficio 4 - Mantenerse al día con los cambios en la estrategia

Las empresas, los mercados y los equipos ejecutivos cambian. Está absolutamente garantizado que, si tienes la suerte de tener una buena estrategia, la tendrás que cambiar posiblemente muy pronto. El uso de un árbol de KPI nos permite ver qué impacto tendrán los cambios en la estrategia sobre las métricas.

Beneficio 5 - Comprender cómo interactúan las métricas

Puedes tener demasiado de algo bueno. Esta afirmación es especialmente cierta en el mundo de las métricas. Si llevas demasiado lejos una métrica "buena", puede tener un impacto negativo e inesperado en el objetivo estratégico final.

Trampa

Ir directamente a la métrica "obvia"

Uno de mis ejemplos favoritos de métricas que interactúan es una métrica utilizada en centralitas de llamadas. La mayoría de nosotros hemos vivido la experiencia de un agente de una centralita que claramente se muere por sacarnos de la línea y terminar de hablar con nosotros (incluso si tienen un guión para preguntarte apresuradamente "¿Hay algo más en lo que pueda ayudarlo hoy, señor Smith?"). La razón por la que puedes escuchar cada parte de su cuerpo suplicando que salgas de la línea es AHT. AHT, o "Average Handle Time", es una métrica que muestra cuánto tiempo tarda un agente en resolver cada una de las llamadas, de promedio. Ten en cuenta que no habla sobre si se han cumplido los objetivos de la persona que ha llamado, por ejemplo, resolviendo su problema o asegurándose de que no se repita. AHT parece tener sentido si estás en un entorno con un inmenso volumen de llamadas.

La lógica dice: "Tengo muchas llamadas, así que cuanto más rápido pueda atender esas llamadas, más baja será mi coste salarial y más cortas serán las colas". Incorrecto. Forzar la reducción del AHT puede aumentar rápidamente los volúmenes de llamadas. Los agentes se obsesionan con sacarte del teléfono a toda costa. Esto lleva a una disminución en la 'resolución durante el primer contacto' (el problema no se resuelve por la persona que contesta el teléfono), ya que normalmente te dejarán en espera o te pasarán a un colega suyo sin haberte resuelto ellos el problema.

Es posible (incluso común) ver que los AHT bajan, pero los volúmenes de llamadas aumentan y la satisfacción del cliente se desploma. Lo más probable es que hayas sido engañado y pasado por diferentes centralitas de atención telefónica alguna vez y que esto se deba a una métrica "aparentemente sensata", que crea efectos secundarios inesperados.

Construir las ramas de un árbol de KPI

A continuación, se muestra una sola rama del ejemplo anterior, que muestra cómo te acercas progresivamente a algo que puedes medir directamente a medida que avanzas hacia el nivel de "métricas" del diagrama.

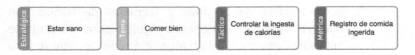

Fig. 3.2: Profundizando una rama del árbol de KPI

A medida que bajas los niveles del árbol hay una relación de cada uno con los otros. E, Por ejemplo, nuestro objetivo estratégico "Estar sano" tiene varias categorías vinculadas. Aquí están las categorías que he identificado:

- Comer bien
- Mantener / perder peso

- Estar en forma aeróbica
- Relajarse
- Dormir bien

Cada una de estas tendrá varias categorías tácticas por debajo de ellas, pasando después a las métricas como paso final. Aquí he desarrollado la rama "Comer bien":

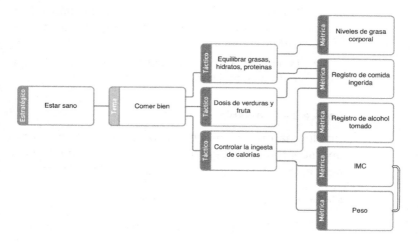

Fig. 3.3: Rama ampliada del árbol de KPI

Cualquier 'nodo' en el árbol se puede vincular a cualquier otro para mostrar una relación. Utiliza el color, la intensidad o la forma del conector para distinguir entre los tres tipos de enlaces, que se describen a continuación.

Idea Clave

Enlace 1 - Causa-efecto

Donde una actividad influye directamente en otra. Este es el tipo de relación más común, por lo que utilizo una línea gris simple para esto.

Los ejemplos de relaciones causa-efecto incluyen:

- "Vender sabores populares" provoca "Aumento de las ventas de helados"

- 'El consumo de snacks salados gratis' provoca 'Incremento en la venta de bebidas'

Enlace 2 - Conflicto

Donde una actividad entra en conflicto con otra. Yo uso una línea roja para mostrar esto. Ejemplos de relaciones de conflicto incluyen:

- 'Minimizar el tiempo promedio de atención' entra en conflicto con 'Maximizar las resoluciones en el primer contacto'.
- 'Minimizar los premios por rendimiento' entra en conflicto con 'Hemos motivado al personal'.

Enlace 3 - Compañía

Donde una métrica es un subconjunto de la otra, o hay una superposición significativa. Utilizo una doble línea para esto, lo que implica una relación bidireccional.

Ejemplos de relaciones de compañía son:

- 'Peso' es un complemento del 'Índice de masa corporal'.
- 'Reducir las muertes por accidentes automovilísticos" es un objetivo complementario a 'Reducir lesiones por accidentes automovilísticos'.

Cómo construir un árbol de KPI

Checklist

Construir un árbol de KPI: Preparación

❏ Familiarízate completamente con la estrategia de tu organización.

❏ Familiarízate completamente con los objetivos estratégicos de tu organización.

❏ Vuelve a verificar estos objetivos estratégicos con todas los stakeholders principales involucrados - si hay diferencias, deben ser resueltas antes de las sesiones.

❏ Verifica que haya entre dos y siete objetivos estratégicos - si hay más que esto, es probable que se hayan colado objetivos tácticos de nivel inferior.

❏ Obtén apoyo y aprobación para celebrar una sesión con los stakeholders principales.

❏ Reúne algunos resultados de ejemplo de sesiones anteriores (o usa los ejemplos incluidos en este libro).

❏ Reúne a los stakeholders en grupos.

❏ Selecciona grupos de entre tres y nueve personas por sesión (ciertamente no más de doce).

❏ Selecciona el grupo de una manera que exista una buena mezcla de antigüedades.

❏ Organiza dos sesiones de taller de dos horas de duración, separadas entre uno y cinco días hábiles.

Practicalities

Checklist

❏ Reserva salas de reuniones para ambas sesiones.

❏ Crea un correo electrónico informativo y envía invitaciones.

❏ Asegúrate de que haya mesas disponibles en las que poder trabajar.

❏ Asegúrate de que haya una pizarra disponible, si es posible.

❏ Imprime ejemplos y hojas de trabajo.

❏ Lleva Post-Its y bolígrafos a la sesión. Un teléfono con cámara también puede ser útil.

Checklist

Crear un árbol de KPI: La primera sesión

❑ Explica el enfoque.

❑ Identifica los objetivos estratégicos: valídalos con el grupo.

❑ Da los antecedentes de la sesión (introducción).

❑ Muestra un ejemplo terminado.

❑ Haz que el grupo haga un ejemplo de ejercicio simple (no laboral).

❑ Explica los tres tipos de enlace: causa-efecto, conflicto y compañía (consulta "Enlace 1 - Causa-efecto", página 47).

❑ Ayuda al grupo a trabajar a través de un ejemplo no laboral más complejo, incluidos los tipos de enlaces.

❑ Haz que el grupo desarrolle un borrador de árbol de KPI específico para los objetivos estratégicos organizacionales relevantes para el grupo.

❑ Desarrolla un árbol por objetivo. Es casi seguro que los árboles se entrecruzarán, por lo que tiene sentido crearlos utilizando una hoja grande si es posible.

Consejo

Si los participantes empiezan a ponerse nerviosos por todas las métricas que están saliendo durante el proceso, entonces vale la pena recordarles que el objetivo de este paso es generar la lista larga de métricas. Claramente no se cogerá esta lista larga para implementarla tal como está al final de la sesión. Quedará un siguiente paso muy importante que implica la preselección de las métricas candidatas.

Trabajo de seguimiento

- Escribe los árboles de todos los grupos y fusiónalos en un solo árbol.
- Añadir notas para mostrar dónde se han tenido que tomar decisiones sobre la fusión.

Construir un árbol de KPI: La segunda sesión

Checklist

❏ Revisar el árbol fusionado.

❏ ¿Existen factores importantes que no se registran con ninguna de las métricas identificadas? Si es así, entonces te has perdido algo de tu árbol.

❏ ¿Hay alguna manera de hacer que una métrica siga el camino 'correcto', pero haciendo algo estúpido?

❏ Añade cualquier rama adicional que necesite ser añadida.

❏ Haz correcciones y crea un diálogo sobre el nuevo árbol fusionado.

La segunda sesión es normalmente bastante sencilla ya que el grupo estará fresco, familiarizado con el propósito de la sesión y acostumbrado a trabajar con el grupo.

Trabajo de seguimiento

❏ Terminar de dibujar los árboles de la segunda sesión (puede haber varios árboles, pero solo debe haber una versión para cada objetivo. Las diferentes versiones se han fusionado después de la primera sesión).

❏ Añadir notas explicativas según sea necesario.

❏ Compartir a los participantes para su aprobación final. Hay que indicar que la ausencia de una respuesta se tomará como aprobación implícita.

Herramientas para construir árboles de KPI

Hay varias opciones para dibujar diagramas. Los puntos clave que debe tener en cuenta al elegir una son:

Checklist

❏ ¿El software de lectura / edición tiene que ser una aplicación de escritorio estándar (como Microsoft Word o PowerPoint) o tiene la posibilidad de instalar aplicaciones especializadas como Visio o Aris?

❏ ¿Cuál es el nivel de conocimiento de IT de los

usuarios?

❏ ¿Tienes que adjuntar metadatos a los objetos? Si es así, deberás buscar un paquete de diagramas más especializado. Por ejemplo, Visio.

❏ ¿Existe un estándar de la empresa con la que actualmente trabajáis para este tipo de diagrama? Por ejemplo, Mindjet, software de mapas mentales.

❏ ¿Se utilizará el software en diferentes sistemas operativos? Algunas aplicaciones como OpenOffice, FreeMind y Mindjet cubren dos o más sistemas operativos. Otros, como Visio, te vinculan a una sola plataforma.

❏ ¿Qué nivel de anotación y sofisticación estás buscando? ¿Cuántos nodos / ramas necesitas encajar?

Cómo ajustar árboles KPI complejos en una página

Aunque a la gente normalmente le gustan los diagramas coloridos, el método más eficiente en espacio es un diagrama de árbol de alambre como se muestra en la fig. 3.4, en la página siguiente. Este estilo, defendido por Jon Moon en "How to Make an Impact", a menudo toma de 5 a 10 veces menos páginas que los mismos datos representados en un árbol de KPI del estilo de "organigrama". El árbol con líneas del ejemplo se realizó completamente dentro de Excel, principalmente utilizando la función "Bordes". Un beneficio adicional de este enfoque es que puedes añadir muchos datos de soporte a cada KPI en las celdas a la derecha del árbol.

Puedes descargar una plantilla del árbol KPI de alambre desde mi sitio web usando este enlace:

https://madetomeasurekpis.com/descargas-del-libro-kpi-checklists/

Árbol KPI "Estar sano"

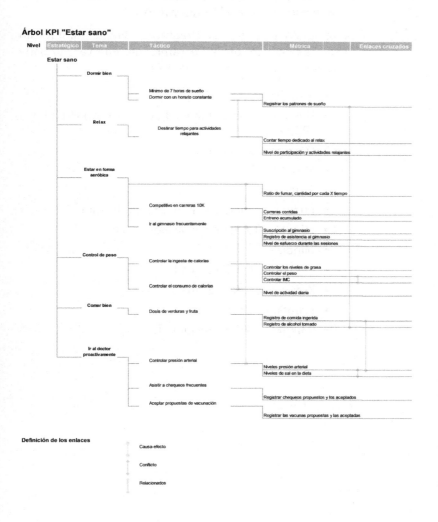

Fig. 3.4: Una forma mucho más eficiente de mostrar las relaciones entre KPI. Este diagrama ha sido diseñado con Excel.

Consejo

Herramientas a tener en cuenta si prefieres diagramas el estilo "Mapa mental"

Si te gusta el estilo de diagrama "Mapa mental" un poco más caótico, otras herramientas que vale la pena considerar para los árboles de KPI son:

- Visio (PC)
- Herramientas de dibujo de Word / PowerPoint (PC, Mac)
- Omnigraffle (Mac)
- Miro (Web)
- SmartDraw (PC)
- Lucid (aplicación web, multiplataforma)
- MindMeister (aplicación web, gratis)
- Mindjet
- MindManager (Mac, PC)
- Xmind (PC, Mac) gratis
- FreeMind (Java) gratis
- IMindMap (PC, Mac, Linux)

Desarrollar las métricas 'shortlist'

Idea Clave

El método shortlist

Cuando hayas creado tu(s) árbol(es) de KPIs, tendrás una gran cantidad de métricas candidatas. Algunos equipos se horrorizan cuando se dan cuenta de que han presentado 70, 80 o más métricas. La buena noticia es que no tienes que utilizar todas las métricas que tienes en tu árbol de KPIs.

Las razones para no incluir ciertas métricas son:

- La métrica no es lo suficientemente importante.
- No es físicamente posible medirla o informar sobre ella.
- Las puedes medir e informar, pero requerirá más trabajo o tiempo el hacerlo.

Cómo descartar las métricas que realmente no importan

La próxima tarea es reducir esta lista. Lo harás haciendo que el grupo califique cada métrica según dos criterios, **Importancia** y **Disponibilidad**. Visualiza estas calificaciones en una cuadrícula o matriz de cuatro

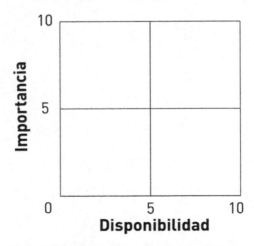

Fig. 4.1: Un ejemplo de matriz de KPI shortlisting en blanco

recuadros.

Aquí encontrarás un poco más de información sobre estos dos criterios:

Importancia: ¿Es la métrica importante para su negocio?

Esto no suele ser una opción de sí / no, pero es posible lograr que un grupo clasifique su importancia en una escala de 0-10. La importancia podría dividirse en la criticidad y la influencia que puede tener para el negocio, en caso de encontrarse con problemas para llegar a un acuerdo, aunque nunca he tenido que llegar tan lejos en la vida real. 10 es la calificación de máxima importancia aquí.

Disponibilidad: ¿Qué tan fácil es obtener los datos?

10, la puntuación "más disponible", sería información que se genera automáticamente, es totalmente de fiar y se puede cortar y modificar de la manera que se quiera de una forma muy simple.

0 significa que los datos no están para nada disponibles, lo que requiere niveles poco realistas de esfuerzo e interrupción para recopilarlos. En algunas circunstancias, puede no ser físicamente posible recopilar esta información en absoluto.

Historia Real

Historia verdadera: Medir lo inmensurable

Es bastante común en las industrias con procesos de fabricación el no poder medir directamente un parámetro del proceso sin "romper" el proceso que se está tratando de medir. En esta situación, a menudo medirás los impulsores directos de ese parámetro, sabiendo que si están bajo control, entonces la variable del proceso que te interesa también estará bajo control.

57

Por ejemplo, en la fabricación de papel, se forma una hoja de papel muy delgada y frágil en una máquina que se mueve a gran velocidad. Es prácticamente imposible medir físicamente el grosor de la lámina sin detener el proceso, por lo que se mide la tasa de absorción de la radiación gamma, a partir de una fuente calibrada, y se calcula el grosor en función de esa absorción.

Entonces, la clave con cualquier cosa que sea "inmedible" es mirar algo que **afecta** o **está afectado** por lo que te interesa.

Otro ejemplo de esto es valorar cuán interesados están los niños pequeños en un programa de televisión, al ver con qué frecuencia se distraen con una pila de juguetes que les gusten y tengan cerca. Esta es la técnica utilizada por los creadores de Barrio Sésamo para medir cuán cautivador fue cada parte y componente de su espectáculo.

Checklist

Proceso de descarte de KPI

❑ En primer lugar, asegúrate de estar tratando con métricas reales (los cuadros de nivel más bajos en el árbol de KPI), no con los encabezados del nivel superior.

❑ Obtenga un folio grande (flip chart).

❑ Escribe Importancia en el eje vertical y Disponibilidad en el eje horizontal.

❑ Numera las métricas de nivel inferior en su árbol de KPI para referenciarlas. No he hecho esto en los ejemplos, pero es una buena manera de estar al tanto de todo.

❑ Añade líneas divisorias en el punto medio de cada eje para que tenga una cuadrícula de cuatro cuadros o matriz.

❑ Revisa cada métrica candidata con el grupo, calificándola en una escala de 0-10 para:

   ○ Importancia
   ○ Disponibilidad

❏ Anota cualquier desacuerdo sobre los puntajes que asigna el grupo - esto puede ser útil si se le cuestiona más adelante sobre las elecciones realizadas, y le da una pista para futuras auditorías.

❏ Traza cada medida candidata en el gráfico, con una cruz y el nombre de la métrica (o número).

Deberías terminar con algo así:

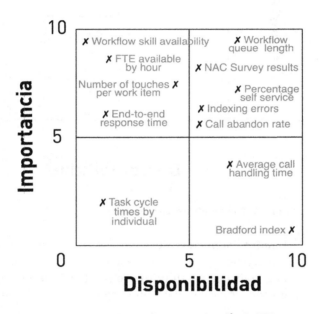

Fig. 4.2: Un ejemplo de matriz de preselección de KPI

Consejo

El uso de Post-it para cada métrica puede darle flexibilidad si hay un debate sobre la calificación de cada KPI. ¡Asegúrate de tomar una foto de la matriz **antes** de recogerla, ya que puedes perder mucho del trabajo hecho si las notas se caen!

Cómo usar la matriz

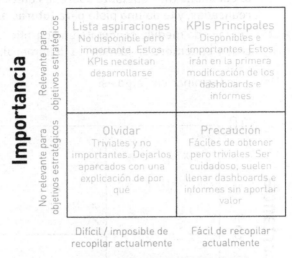

Importancia

Relevante para objetivos estratégicos

Lista aspiraciones
- No disponible pero importante. Estos KPIs necesitan desarrollarse

KPIs Principales
Disponibles e importantes. Estos irán en la primera modificación de los dashboards e informes

No relevante para objetivos estratégicos

Olvidar
Triviales y no importantes. Dejarlos aparcados con una explicación de por qué

Precaución
Fáciles de obtener pero triviales. Ser cuidadoso, suelen llenar dashboards e informes sin aportar valor

Difícil / imposible de recopilar actualmente

Fácil de recopilar actualmente

Disponibilidad

Fig. 4.3: Qué significa cada cuadrante

Cuadro superior derecho - el cuadrante de alta importancia y de fácil acceso es el conjunto de métricas que colocará en su primer dashboard / informe. Fáciles de conseguir e importantes, ¿por qué no lo harías?

Cuadro superior izquierdo - el cuadrante de alta importancia y difícil de recopilar. La lista de aspiraciones se convierte en la lista de "tareas pendientes" para el dashboard. Aquí es donde se enfocarán los esfuerzos para el desarrollo de KPI.

Cuadro inferior derecho - estas son las métricas triviales pero fáciles de recopilar. Vale la pena volver a verificar cualquier punto que pueda ser importante, pero no te dejes engañar para poner algo en el dashboard o informar simplemente porque puedes hacerlo.

Caja inferior izquierda - las métricas triviales y difíciles de recopilar. A menos que estas estén cerca del centro de los límites del cuadrante, olvídate de ellas y sigue adelante. Si están cerca del cuadro superior derecho, es posible que quieras verificar de nuevo su evaluación.

Al final de la sesión, deberías haber dividido las métricas candidatas en tres:

- Lista de métricas directas - la lista de uso
- Lista de métricas pendientes para desarrollar - la lista de aspiraciones
- Métricas rechazadas (con motivos) - la lista de descarte

¿Por qué es importante la lista de descarte?

Es fácil pasar por alto el último punto, ya que no vas a implementar estas métricas, pero eso sería un grave error. Registrar qué métricas se eligieron rechazar con los motivos para hacerlo, puede ser una forma realmente poderosa de defender las elecciones realizadas. "No tomamos esta métrica y aquí están las razones por las cuales ..." puede ser poderoso para detener el informe "hinchado" y demostrar el rigor del proceso.

Consejo

Desarrolla métricas para llenar los vacíos - tu lista de aspiraciones

Es posible que las métricas que terminaron en la lista aspiraciones simplemente no se midan actualmente o pueden ser importantes pero difíciles de medir.

Aunque en algunas situaciones puede ser fácil añadir las nuevas métricas a los sistemas de recopilación de datos existentes, a menudo no es tan sencillo. Recomendaría configurar cada métrica como un "mini proyecto". Esto le da un marco y estructura, impidiendo convertirse en una métrica sonámbulo y sin finalidad.

Checklist

Desarrollar las métricas pendientes y KPIs

- ❏ Confirma que realmente quieres medir esta cosa / estas cosas.
- ❏ Identificar stakeholders (utilizando el enfoque de matriz RACI del Paso 2, página 33).
- ❏ Define la métrica (utilizando la hoja de definición de KPI del siguiente capítulo).
- ❏ Revisa esa definición con los stakeholders clave.
- ❏ Haz un estudio de viabilidad rápido, especialmente si hay IT involucrado.
- ❏ Verifica qué métodos y sistemas de gestión de proyectos se necesitan en la organización para que pueda encajar.
- ❏ Asigna un gerente de proyecto a tiempo completo o parcial.
- ❏ Prepara una "carta" de una página. Una carta es un documento breve que describe los objetivos, recursos, escalas de tiempo y problemas anticipados (con mitigaciones).
- ❏ Redacta un plan de proyecto simple.
- ❏ Revisa la escala de tiempo y el costo: ¿todavía estás seguro de que quieres seguir adelante?
- ❏ Crea y mantén un registro de acciones.
- ❏ Configura unas normas simples para el proyecto (por ejemplo, reglas, cronograma de reuniones, etc.) para asegurarse de que el proyecto se mantiene en el camino correcto.

En algunos casos, puede ser más sustancial que un proyecto "pequeño", pero los principios siguen siendo los mismos y hay mucha orientación para ejecutar estos proyectos.

Los registros de acción son herramientas simples pero útiles para mantener el rumbo. Puedes descargar una plantilla gratuita de una que he creado en Excel en este enlace:

https://madetomeasurekpis.com/descargas-del-libro-kpi-checklists/

Por supuesto, puedes crear fácilmente el tuyo propio. Si lo haces, asegúrate de tener en cuenta lo siguiente:

Checklist

Seguimiento de acciones

❏ Un número de referencia único para cada acción.

❏ Una descripción de agrupación, si es una lista larga, como "IT" o "Formación".

❏ Una descripción significativa de la acción.

❏ De quién es la acción.

❏ Para cuándo debe estar la acción.

❏ Cuando la acción está cerrada.

❏ Si la acción está en espera.

❏ Cualquier nota o comentario relevante.

❏ Riesgos (opcional).

❏ Mitigaciones (opcional).

Definir KPIs y contenido para las reuniones

Idea Clave

Definir tus KPIs

Si hay una herramienta simple que puedes poner en práctica hoy mismo, que mejorará drásticamente la calidad de tus KPIs y le sumará una gran cantidad de credibilidad profesional a tu reputación, es esta. Lo que voy a describir puede sonar muy obvio y simple, pero eso no lo hace menos útil o poderoso.

Un problema que casi todas las empresas parecen tener es lo que yo llamo el problema del "sentido común". Lo que quiero decir con esto es que muchos KPIs y métricas usan nombres descriptivos. Esto puede ser muy peligroso ya que la mente humana tiene una tendencia a hacer suposiciones basadas en el nombre.

Tomemos un ejemplo. Existe una métrica operativa muy común llamada "utilización". A menudo las empresas de servicios profesionales lo utilizan para mostrar al cliente qué proporción del tiempo disponible de los empleados se utilizó para el trabajo facturado. Es una medida importante y que se utiliza en varias industrias.

Así que aquí hay una definición simple en inglés: "La utilización es la proporción de horas facturadas y horas disponibles por un individuo".

Eso parece bastante simple, ¿no? Pero veamos algunas de las preguntas que esto no responde:

- Por hora disponible ¿Quiere decir nominal o real e incluye horas extras?
- ¿Qué pasa con las vacaciones o la ausencia por enfermedad, es esa utilización cero?
- Por individuo, ¿se refiere solo a personas facturables o incluye personal de apoyo?
- ¿Incluye compromisos obligatorios, como formación en seguridad, en las horas disponibles?
- ¿Qué hay de las ventas? Esta es claramente una

actividad de valor añadido pero no es facturable.

- ¿Qué sucede si realiza una factura con una tarifa por hora muy reducida? ¿Hace que la utilización cuente lo mismo que el trabajo de tarifa completa?

- ¿Qué haces con el personal que tiene roles duales, uno de los cuales es un puesto facturable?

Claramente, hay muchas posibilidades de malentendidos aquí. Es bastante raro encontrar una definición simple en inglés que no genere muchas preguntas similares. Entonces, ¿cuál es la forma de evitar esto? Es una base de datos de definición de KPIs. Cuando digo base de datos lo digo en el sentido más amplio de la palabra. Podría ser simplemente un documento de Word o una hoja de cálculo de Excel. Lo importante es que registre una descripción realmente clara de qué es exactamente lo que se está midiendo, dónde, cómo y cuándo.

En la página siguiente están las preguntas que deben responderse para todos y cada uno de los KPIs, para ayudarte a evitar este tipo de confusión.

Definición de KPIs

Checklist

❏ **Nombre del KPI:** utiliza un nombre del tipo "lo-que-dice-es-lo-que-es", para que no se confunda. Ten mucho cuidado con términos como "eficiencia" y "eficacia": hay muchas variantes y cada uno tendrá su fuerte opinión de qué uso es el correcto.

❏ **Intento de medición:** describe la métrica y el razonamiento detrás de su selección como un indicador de progreso frente a un objetivo estratégico. En pocas palabras "¿Por qué estás midiendo esto?"

❏ **Definición / fórmula del KPI:** proporciona una fórmula detallada para el cálculo de un valor numérico para la métrica. Una simple prueba de qué tan bien has definido un KPI es plantear la pregunta "¿Podría un extraño con un mínimo de conocimientos calcular el valor utilizando esta definición y los datos de origen relevantes?"

- ❏ **Frecuencia de actualización:** identifica con qué frecuencia se calcula. Esto es importante por varias razones, siendo una de las menos obvias el descuadre de calendarios, donde el ciclo de producción de informes puede crear algunos errores de superposición con otros calendarios como el fiscal. Por lo general, un ciclo de informes largo los disminuye, mientras que uno corto lo agudizará.

- ❏ **Unidades de métrica:** identifica las unidades en las que se informará la métrica. ¿Es una relación adimensional (p. Ej., Eficiencia) o es una medida "real" articulada con dimensiones (p. Ej. kilogramos, dinero o llamadas por día)?

- ❏ **Notas / supuestos:** aclara los términos utilizados y resalta los supuestos clave dentro de la fórmula. Casi todas las métricas y KPIs tienen fallas, problemas y sus cosas. La clave es documentar estos problemas, hacer que las personas los conozcan y evitar hacer análisis erróneos basados en estos problemas.

- ❏ **Disponibilidad de información del KPI:** si la información requerida está fácilmente disponible, disponible con algún esfuerzo o no disponible. Esto da una idea del dolor que implica recopilar un KPI y puede brindarte una "lista de resultados" para automatizar y optimizar la producción del KPI.

- ❏ **Elementos de datos y fuente:** los elementos de datos necesarios para calcular esta métrica y los sistemas de origen: bases de datos, documentos, etc. de estos elementos de datos. Esto debería bajar a niveles tan detallados que muestren en qué servidor se encuentra un archivo, en qué directorio y en qué parte de la hoja de cálculo se pueden encontrar los datos. Las convenciones de nomenclatura también deben incluirse cuando los documentos cubren un período determinado.

❏ **Objetivo (si se conoce):** ¿Cuál es el valor objetivo?

❏ **Fuente y enfoque para establecer objetivos:** ¿De dónde viene el objetivo? ¿Por qué se establece al nivel que está? He visto innumerables organizaciones donde nadie puede responder a esta pregunta. ¿Por qué estás apuntando a un cierto puntaje? Es bastante vergonzoso y preocupante no saber la respuesta a esto.

❏ **Persona responsable de establecer el objetivo:** una persona debe ser responsable de establecer el objetivo, incluso si se acuerda por consenso / debate / voto.

❏ **Persona responsable de establecer objetivos:** esta es la persona que lleva la "capa estratégica" para la configuración de objetivos. Deben ser consultados sobre el objetivo y sus objetivos, pero pueden no ser los responsables de definir el valor para cada objetivo.

❏ **Persona responsable de rastrear e informar objetivos:** ¿Quién administra el proceso diario de establecimiento de objetivos e informes?

Cada una de estas preguntas debe ser respondida para cada KPI y métrica en la organización. ¿Tedioso? Si. ¿Importante? Mucho más. Las definiciones deben mantenerse en una única ubicación para que no coexistan múltiples definiciones. Esto evitará confusiones y discusiones.

Los beneficios de este tipo de documento son:

- Obliga a la organización a aclarar y discutir las definiciones de KPIs.

- Cualquier debilidad o incertidumbre en torno a un KPI se anota y "se revela".

- Evita tener KPIs o métricas similares (o idénticas) que realmente se calculan de diferentes maneras.
- Es un documento de referencia para personas que no tienen claro o no saben cómo se calcula una métrica.

Puedes descargar la plantilla de definición de KPI desde mi página web usando este enlace: **https://madetomeasurekpis.com/descargas-del-libro-kpi-checklists/**

ROKS KPI Canvas
madetomeasurekpis.com

| Diseñado por: | | Diseñado para: | | Fecha: | Versión: |

Nombre KPI

Propósito
¿Por qué deberíamos medir esto?

Clientes
¿Quiénes usarán el KPI?

Fuentes de datos
¿De dónde se obtendrán los datos del KPI?

Definición o Fórmula
Si hay algún cálculo, ¿cómo se realiza?
¿Qué **está** y qué **no está** incluido en el valor?

Recursos de producción
¿Qué recursos se necesitan para producir los KPI e informes?

Problemas y Errores
¿Qué problemas conocemos sobre la producción del KPI y su exactitud?

Objetivos
¿Qué resultado queremos obtener? (Si lo sabemos en este momento)

Resultados objetivos
¿Qué conseguiremos al lograr los objetivos?

Costes de producción
¿Cuál es el coste de implementar y producir este KPI?

Fig. 5.1: Un ejemplo de la plantilla para la de definición de KPIs

Establecer reuniones que funcionen

La mayoría de las reuniones deben centrarse en decisiones basadas en una buena información y análisis. Los informes y dashboards que crearás en el siguiente paso deben alimentar esas reuniones con información valiosa. Sin ser absolutamente claro para qué es una reunión, tienes pocas posibilidades de que se faciliten los informes y dashboards correctos.

Necesitas saber con precisión qué información de los informes se requiere para cada reunión. Esto se hace a través de los 'Términos de referencia' o TOR (del inglés) de una reunión, normalmente un documento de una página que describe los inputs, outputs y objetivos de una reunión. La checklist de la página siguiente entra un poco más en detalle. También verás una plantilla de ejemplo.

Como las reuniones son una parte vital para hacer un buen uso de los KPIs (y a menudo suelen ser desastrosas), he puesto algunas checklists adicionales para las reuniones en el Apéndice.

Puedes descargar la plantilla de Términos de referencia que se muestra a continuación en el siguiente enlace: **https://madetomeasurekpis.com/descargas-del-libro-kpi-checklists/**

Términos de referencia para:

Propósito y enfoque:		Asistentes:		Medio: Borrar según aplique Presencial Telemático
Facilitador(es):	Duración:	Frecuencia:	Ubicación:	
Agenda		Inputs de datos y informes para la reunión		
		Responsables de presentar los datos y informes		
		SLA acordado para el input de los datos y informes		
Outputs de la reunión (decisiones, aprobaciones, acciones etc.)				

Términos de referencia mantenidos por [Nombre del responsable aquí], datos de contacto [Datos aquí]

Fig. 5.2: Un ejemplo de plantilla de Términos de Referencia para reuniones

Checklist

Conceptos básicos para los Términos de Referencia de una reunión

❑ ¿Cuál es el propósito de la reunión?

❑ ¿Cuál es el alcance de la reunión? Qué parte de la organización, nivel de aprobación etc.

❑ ¿Cuáles son los inputs para la reunión? Datos, informes, muestras, etc.

❑ ¿Cuándo deberían los asistentes recibir los informes y documentos antes de la reunión - es decir, ¿qué se espera de la producción de estos documentos?

❑ ¿Cuáles son los outputs de la reunión? Por ejemplo, decisiones, aprobación de presupuestos, juicios, aprobación, etc.

❑ ¿Quién debería estar allí? Por rol y autoridad.

❑ ¿Existe una guía clara sobre las funciones de cada representante y su autoridad?

❑ ¿Con qué frecuencia ocurre la reunión?

❑ ¿Quién dirige la reunión? Por rol. Si necesitas poner nombres allí, luego asegúrate también de tener responsables en caso de un plan B.

❑ ¿Cuáles son los roles y responsabilidades? Por ejemplo, control del tiempo, organización, diseño del horario, etc.

❑ ¿Dónde es la reunión?

❑ ¿Cuánto dura la reunión?

❑ ¿Cómo se cambian los términos de referencia? - ¿A quién se debe contactar?

Debes resumir todo esto en un documento de una página y distribuirlo a los asistentes de la reunión para su aprobación. A mí me gusta usar una plantilla simple como la de la fig. 5.2 para mantener las cosas sólidas y fáciles.

Consejo

Aplica los Términos de Referencia a tus reuniones

La forma más efectiva de implementar los términos de referencia es lentamente, pero de manera constante. Como regla general, las presentaciones de 'big bang' no funcionan durante mucho tiempo y son rápidamente olvidadas. Se requiere una constante repetición y recordatorios para poder modificar los hábitos de las personas. El CEO se encuentra en la mejor posición para ejercer esta presión sostenida, por lo que necesitará estar a la altura del reto.

Paso 5 - Definir

Prototipar los dashboards y los informes

Idea Clave

¿Por qué prototipar?

Es bastante raro encontrar un cliente (interno o externo) que sepa con precisión lo que quiere obtener de un dashboard o informe. Si lo pillas sin preparación previa, normalmente cogerá un informe ya existente e indicará las partes que quiere modificar y adaptar. A veces, esto hace que termine suspirando de manera frustrada cuando se da cuenta de lo lejos que está su dashboard actual del 'ideal', dándose cuenta del gran reto al que se enfrentan.

La solución es crear prototipos en colaboración con tu cliente interno. Esto requiere bastante atención y reflexión, ya que no suelen ser especialistas en diseño de dashboards.

¿Qué es prototipar?

El diseño de prototipos significa construir ejemplos de trabajo no funcionales o que funcionan parcialmente, del producto final: informes y dashboards en este caso. Hacerlo puede evitar grandes cantidades de esfuerzo desperdiciado. Incluso con un buen proceso de prototipado se puede pasar por 5-10 iteraciones del diseño. Si construyes y modificas los informes para que estén totalmente terminados en cada iteración, puede llevarte a desperdiciar mucho tiempo y grandes cantidades de recursos entre desarrolladores / analistas (algo no muy divertido, la verdad).

Incluso la creación del mismo prototipo necesita un poco de trabajo previo. Yo he descubierto que, en algunas situaciones, el deficiente diseño actual de un dashboard es el resultado directo de las elecciones de diseño realizadas en la sesión de creación del prototipo. Para evitar repetir los mismos errores se necesita seguir unos principios del buen diseño. Y para hacer que esto funcione, los principios deben estar respaldados por ciencia y una buena investigación.

Cómo prototipar dashboards e informes

Etapa 1: Dialogar y acordar los principios de un buen diseño

Asegúrate de no proponer Sparklines (los tipos de gráfico más simples que hay) y un minimalismo total cuando tu cliente está deseando fondos multicolores y widgets minuciosamente renderizados como este:

Esta es una conversación complicada ya que muchos clientes con experiencia tienen puntos de vista sólidos sobre esto. Por eso es mejor hacerle caso a las evidencias. Afortunadamente, hay muchas evidencias para decir que la moderación extrema para la presentación de datos conduce a una mejor comprensión. Para ver esto con mucha más profundidad, también puedes leer BlinkReporting, mi libro sobre exactamente este tema.

Etapa 2: Ve cómo los informes y dashboards actuales son realmente utilizados

La observación normalmente nos dará una buena idea de cómo las personas están utilizando la información en la actualidad (si es que la hay):

- Pregunta a las personas cómo usan actualmente sus informes.
- Siéntate en las reuniones relevantes y observa cómo se usa los informes o dashboards.
- Busca cualquier diferencia entre lo que observaste y lo que te dijeron.

Si hay grandes diferencias, deberás actuar con precaución. Esto indicará que hay una "brecha entre realidades", lo que puede significar que a tu producto final le espera el mismo destino que al informe o dashboard anterior. En esta situación puede que te enfrentes más a un problema de actitud y comportamiento que a uno de la manera de hacer los informes. Si este es el problema real, el cambiar la manera de gestionar y documentar la información no solucionará los problemas subyacentes.

Etapa 3: Crear opciones de diseño

Los tomadores de decisiones siempre responden bien a las opciones que vienen acompañadas de un prototipo o una simulación. Mientras que puede ser difícil para ellos explicar lo que quieren sin poder visualizar nada, cuando les presentas diferentes opciones visuales lo único que tienen que hacer es señalar cual prefieren. Las características de los diseños también darán pie a valiosas discusiones.

Hay tres enfoques básicos utilizados en la creación de prototipos:

Opción 1 Crear varias versiones 'offline' y presentarla a los tomadores de decisiones.
Opción 2 Crear un dashboard en una sesión de ideación junto a los tomadores de decisiones.

Opción 3 Usar el primer enfoque para crear algunas opciones y luego hacer una sesión con los tomadores de decisiones para terminar de adaptarlo.

La opción 1 es la de riesgo más bajo, pero también la más lenta. Si tienes un cliente que es propenso a cambiar de opinión o le gustan muchas opciones, puede ser fácil quedarse atascado con este enfoque.

La opción 2 funciona bien con tomadores de decisiones que son pacientes y a los que les gusta involucrarse. También deberás ser muy competente en la elección de la herramienta para la creación de prototipos (Visio o Excel, por ejemplo). A menudo construir una plantilla específica para el propósito puede acelerar las cosas. En mi caso, tengo un conjunto de gráficos de acciones bursátiles, que es mi estilo de presentación preferido, con rangos de datos ficticios, configurados para sesiones de creación de prototipos. También tengo una hoja de datos de Excel con rangos de datos ficticios que muestran una variedad de tendencias con dispersión realista. Este tipo de sesión lleva tiempo y es sensible a los problemas de IT, así que asegúrate que lo estás configurando correctamente y de que tienes un plan de contingencia en caso de que las cosas empiecen a salir mal (como que una bombilla del proyector no se encienda), incluso tu plan B se trata de solo una pizarra, marcadores y un teléfono con cámara.

La opción 3 es el enfoque que prefiero usar. Se presentan algunos pre-preparados diseños, para modificarlos y adaptarlos con el tomador de decisiones en una sesión conjunta. Esto nos permite obtener el mejor equilibrio entre el uso eficiente del tiempo y el diseño rápido de prototipos.

Etapa 4 (opcional): Revisa y califica los informes existentes y dashboards

Si hay desacuerdo sobre la calidad de los informes existentes y cómo se documentan, una buena manera de evaluar la calidad actual es utilizar una checklist de revisión del diseño. Te puede ayudar a dejar las emociones a un lado y dar paso a construir un consenso sobre la necesidad de tomar acción. Para prevenir esto, es mejor ejecutar primero una sesión de formación sobre principios de diseño.

Si no es posible realizar una sesión de formación, entonces leer un buen libro es la siguiente mejor cosa. Por supuesto, recomendaría mi libro – BlinkReporting (**http://bit.ly/19FqTP9**), pero también me tomaría el tiempo necesario para leer el libro 'Information Dashboard Design' de Stephen Few. Si buscas algo un poco más amplio, pero más académico, echa un vistazo al clásico texto de Edward Tufte, 'The Visual Display of Quantitative Information' (ver "Bibliografía" para más detalles).

Una vez que hayas realizado la formación previa, incita a los stakeholders a criticar sus propios informes. Es bueno usar ejemplos específicos propios o de los stakeholders durante la formación (solo ten cuidado de no causar avergonzar a nadie).

La siguiente checklist para el buen diseño te guía para considerar cada elemento de tu diseño y puntuarlos. Puedes usar la puntuación para mostrar objetivamente la mejora de un documento (aunque en última instancia, esto es algo subjetivo). Es bastante larga, con 54 preguntas, pero cubre la mayoría de las áreas del diseño. Con práctica, probablemente no necesitarás consultar esta lista, pero puede ser un útil recordatorio para tu memoria. Da un marco semi-objetivo que permite alejar las emociones en el momento de la crítica a los informes y dashboards.

Demo Donuts Dashboard

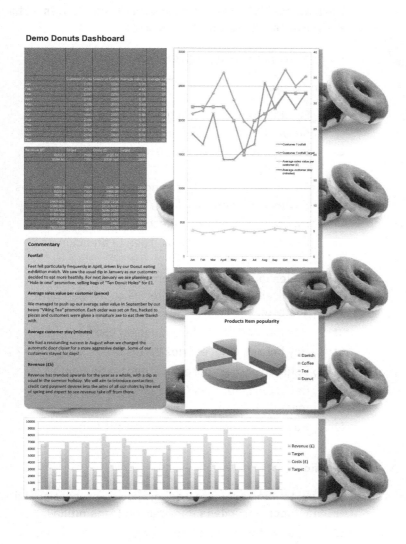

Fig. 6.1: Un ejemplo de dashboard que rompe casi todas las reglas del buen diseño. Úsalo junto a las preguntas para detectar los posibles problemas.

Checklist

Revisar los informes y dashboards existentes - La Brillante Checklist para Dashboards

Puntuación para cada pregunta: 1 = poco, 5 = mucho

Diseño visual

❏   ¿Se utiliza el color para transmitir información adicional?

❏   ¿Se usan los colores consistentemente para el mismo significado?

❏   ¿Se utiliza un tema de diseño coherente para todos los cuadros y cuadros de texto?

❏   ¿Hay cajas y divisores innecesarios?

❏   ¿Los divisores y las cajas atraen la atención de manera útil?

❏   Con los indicadores del semáforo RAG (red-amber-green), ¿está claro qué criterios se utilizan para cada color?

❏   ¿Hay marcas de verificación innecesarias?

❏   ¿Hay bordes innecesarios en las áreas del gráfico?

❏   ¿El fondo está sombreado innecesariamente?

❏   ¿Están las columnas / barras sombreadas innecesariamente?

❏   ¿Hay bordes innecesarios en las columnas?

Diseño

❏   ¿El tamaño del texto y del gráfico es proporcional a la importancia de la información transmitida?

❏   ¿Los puntos de datos que necesitan comparación están cerca los unos de los otros?

❏   ¿Los logotipos y la ornamentación se mantienen al mínimo?

❏   ¿El espaciado es consistente y agradable?

❏   ¿Se utilizan líneas para guiar el ojo en una dirección con sentido?

❏ ¿Existe una 'jerarquía lógica' para el texto y los comentarios?

Estructura

❏ ¿Hay grandes cantidades de números que deben leerse para entender una situación compleja?

❏ ¿Puedes navegar rápidamente a la sección del informe que necesitas?

❏ ¿Está claro dónde están los principales problemas y cómo navegar para encontrar más información?

❏ ¿Están los objetivos claramente diferenciados del resto de datos?

Gráficos

❏ ¿Los gráficos y cuadros cumplen con sus objetivos?

❏ ¿Son los gráficos intuitivos, es decir, no hay necesidad de un estudio cuidadoso o de una explicación?

❏ ¿Los gráficos tienen valor y transmiten ideas? ¿Los gráficos permiten comparación significativa de conjuntos de datos relevantes?

❏ ¿Los gráficos muestran claramente patrones y tendencias?

❏ ¿Comprender el documento te obliga a tener que recordar muchas cosas a la vez?

❏ ¿Tus ojos tienen que leerse toda la página para entender el documento?

❏ ¿Los gráficos responden a preguntas obvias?

❏ Si el gráfico usa 3D, ¿se requiere realmente 3D para representar la información?

❏ ¿Está claro el mensaje?

Ejes

❑ ¿Son los ejes 'justos' y están etiquetados? Los ejes 'injustos' pueden incluir ejes logarítmicos que no están claramente indicados o ejes que no tienen claramente definidos que su valor inicial es otro diferente a cero.

❑ ¿Las fuentes son claras, del tamaño correcto y legibles?

❑ En caso de usar un eje doble, ¿es necesario para obtener buenos insights?

Etiquetado

❑ ¿Están todos los gráficos claramente etiquetados, evitando jerga o acrónimos?

❑ ¿Está claro a qué período se refieren los gráficos?

❑ ¿Están las etiquetas físicamente cerca de las cosas que describen?

❑ Si es inevitable, ¿se define la jerga?

❑ ¿Es apropiado el nivel de etiquetado o está oscureciendo el gráfico (o el mensaje)?

❑ ¿Los números en la tabla se dan con precisión realista (es decir, no con 5 decimales si esa precisión no es necesaria para la precisión de los datos)?

Tendencias lineales

❑ ¿Hay alguna tendencia significativa?

❑ ¿Las líneas de la cuadrícula ayudan o quitan claridad?

❑ ¿Hay un uso inútil del color y los patrones del área o del relleno?

Texto

❏   ¿Es relevante el texto?

❏   ¿El texto es conciso?

❏   ¿El texto está escrito correctamente y sin errores gramaticales?

❏   ¿Está claro con qué gráfico está asociado cada texto?

❏   ¿Los textos adicionales son claros, del tamaño correcto y legibles?

Claridad visual

❏   ¿El documento (y sus subelementos) tiene un tamaño óptimo?

❏   ¿El diseño funciona para el canal de entrega? Por ejemplo, un Smartphone, iPad o proyector.

❏   ¿Alguno de los destinatarios tiene problemas con la vista? Si es así, ¿son adecuados el color, el tamaño y el contraste?

Otros puntos sobre apariencia y legibilidad

❏   ¿Es posible entender el mensaje general 'de un vistazo'?

❏   ¿Queda claro quién creó el informe y los contenidos?

❏   ¿Queda claro con quién hablar si hay una consulta o error y cómo contactar?

En la página siguiente, puedes ver los mismos datos que en el ejemplo anterior de los Donuts pero modificados utilizando el enfoque 'BlinkReporting'.

El ejemplo puede no ser muy 'bonito', pero mis clientes me han dado como feedback que es un formato muy claro, fácil de entender y con el que se familiarizan muy rápido.

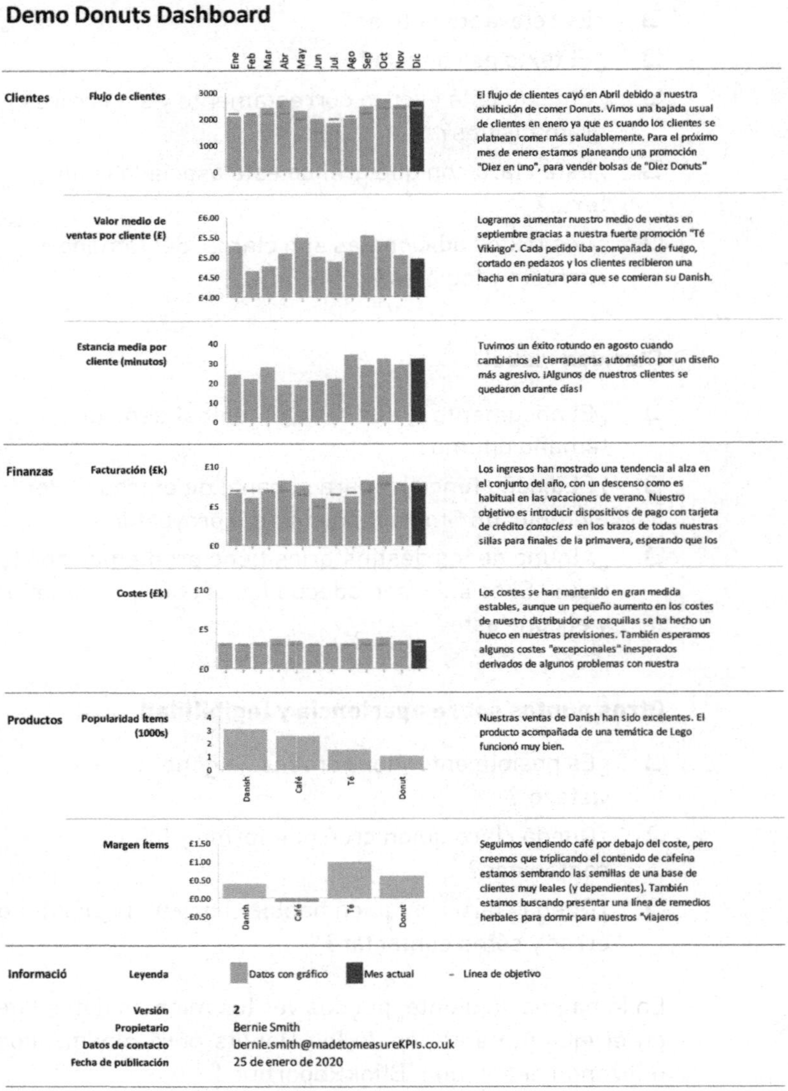

Fig. 6.2: Los mismos datos que en la fig. 6.1, reelaborado utilizando el enfoque de BlinkReporting. Más aburrido de primeras, pero mucho más comprensible.

Aprueba tus diseños una vez revisados

Si no deseas que los diseños de prototipos entren en producción y tener que volver a revisarlos de nuevo una vez terminados, es esencial obtener una aprobación total del prototipo por parte de los stakeholders relevantes.

La mejor manera de hacer esto es:

- Identificar a las partes interesadas utilizando una matriz RACI ('Identificar los tipos y grupos de stakeholders' en la página 31) para identificar a los stakeholders adecuados y acordar un plan de aprobación con la persona identificada como 'Responsable' en la matriz.

- Acordar un horario para la sesión de cierre y evitar así sesiones de revisión interminables.

- Asegurarse de que haya un árbitro final para que no haya un "tira y afloje" entre los stakeholders.

- Hacer que los tomadores de decisiones pongan su aprobación **por escrito.**

Implementa tus KPI, informes y dashboards

Obtener la aceptación

Para la mayoría de las implementaciones de KPI lo mejor que puedes obtener de primeras es una ausencia de resistencia y conformidad en cuanto a los términos para la gestión de la información.

Que se acepten los nuevos informes y dashboards normalmente sólo se da después de que las personas empiezan a ver un valor real a través de los datos. Hay algunas situaciones, especialmente aquellas que generan problemas muy visibles y dolorosos, donde es fácil generar entusiasmo desde un principio.

Podemos dividir la aceptación en cinco etapas:

- Crear compromiso.
- Construir un caso: por qué se necesitan estas métricas.
- Eliminar obstrucciones.
- Exhibiciones públicas de la importancia.
- Desarrollar buenos hábitos.

Checklist

Crear compromiso

❑ Involucra a un amplio grupo de stakeholders en la sesión del árbol de KPI. De todos los puntos en esta lista, esta es probablemente la forma más efectiva de construir compromiso.

❑ Revisa las razones para cada una de las nuevas métricas con aquellos que están proporcionando los datos o están siendo medidos.

❑ Organiza un evento, o una ronda de 1to1's, en el que las personas puedan franca y honestamente discutir sus inquietudes y problemas con las métricas propuestas.

❑ Trata los potenciales problemas de manera abierta y honesta.

❏ Crea un documento de 'preguntas frecuentes' para aquellos que no pudieron participar en el proceso inicial del diseño.

Construir un caso

Es lógico comenzar explicando al equipo que necesitas medir X porque si no lo haces, la empresa puede "ir a la quiebra", "molestar a los clientes" o "conseguir problemas con los reguladores", etc. Estos son los pasos que normalmente se siguen para construir un caso 'lógico':

Checklist

Construir un caso para las métricas

❏ Muestra que hay un beneficio en el mundo real al recopilar los datos. Además, demuestra que surgirá un problema significativo o empeorarán las cosas si no se hace esto.

❏ Da ejemplos relevantes y convincentes del día a día donde estos problemas serán abordados y resueltos a través de este nuevo enfoque.

❏ Explica cómo gestionar la posible carga de trabajo extra generada por la recopilación o análisis de datos.

Si bien esto debe hacerse, únicamente esto no generará compromiso. El compromiso es esencialmente un proceso emocional y por ahora solo tienes un argumento racional.

La mejor manera de conseguir aceptación es empezar con un compromiso emocional, seguido de una sesión de mapeo del árbol de KPI o un taller de feedback con los stakeholders.

No es algo sencillo ni rápido, pero el compromiso emocional necesita los siguientes componentes para que pueda crearse:

- Honestidad durante el diálogo.
- Confianza entre las partes.
- Las personas deben ser escuchadas y sentir que están siendo escuchadas.
- Conversaciones en grupos pequeños (o uno a uno).
- Relevancia para las necesidades de la persona con la que se está hablando.

Un error frecuente que cometen los gerentes es reaccionar ante la falta de compromiso a través de fortalecer el argumento racional para "el caso". Ganando el argumento intelectual no se consigue conquistar a las personas emocionalmente. De hecho, las personas que consiguen ganar todo debate con argumentos racionales a menudo pueden tener un efecto contraproducente para conseguir consensos.

Eliminar obstrucciones

Se trata de hacer la vida lo más fácil posible para aquellos que tienen que entregar los datos o hacer los análisis. Hay investigaciones que demuestran que cuanto más fácil resulta hacer las cosas, más probable es que las personas las hagan.

Checklist

Facilitar el cumplimiento del nuevo sistema

❏ Crea una guía del usuario para cada tipo de usuario que estará registrando o manipulando datos.

❏ Define claramente el proceso que deseas que la persona o el equipo sigan.

❏ Prueba ese proceso con todas las personas que lo ejecutarán, si es posible.

Checklist

Crear un documento guía para el usuario

❏   Que sea fácil de usar

 O Instrucciones paso a paso.
 O Ramas de decisión.
 O Instrucciones con capturas o grabaciones de pantalla.

❏   Identifica las habilidades que pueden necesitar los usuarios y dónde adquirir estas habilidades.

❏   Datos de contacto para obtener ayuda adicional: cuanto más inmediata, mejor. ¡Un número de teléfono es excelente, tener que escribir una carta no lo es!

❏   Haz que las guías de usuario estén disponibles y sean fáciles de usar.

❏   Las guías de usuario A3 y laminadas en color funcionan de manera brillante.

❏   Asegúrate de que las guías estén completamente actualizadas y sean compatibles con las versiones de los programas. Los cambios en las guías del usuario se deben realizar tan rápido como sea posible.

❏   Ten en cuenta cualquier feedback cuanto antes mejor: nada destruye un proceso más rápido que la falta de interés de sus defensores.

Asegúrate de que los gerentes responsables de la recolección de datos clave estén completamente comprometidos y estén dando la bienvenida al nuevo sistema. Cualquier disidencia entre estas personas, por sutiles que sean, destruirán absolutamente tus esfuerzos para recoger nuevas métricas. Por tentador que sea pasar por alto los gerentes intermedios, ¡evítalo a toda costa!

Checklist

Mantener a las personas comprometidas

❏ Facilita que las personas destaquen los problemas.

❏ Crea un punto de 30 segundos para "cualquier problema" en las reuniones operativas de la mañana, si existen.

❏ Agrega un cuadro de 'comentarios y mejoras' para la documentación utilizada con frecuencia.

❏ Pasa tiempo sentado con personas mientras recopilan y graban cualquier dato que estés solicitando. (Esto hace un par de cosas. Les facilita resaltar problemas y también muestra que existe un gran interés en los datos que se recopilan).

❏ Informa a las personas rápidamente sobre cualquier acción tomada como resultado del feedback. Si no puedes abordar los comentarios de manera positiva, informa a las personas por qué.

Exhibiciones públicas de importancia

No, esto no significa tener un sombrero especial de KPIs que los equipos deban llevar puesto. Se trata de asegurarse de que tanto las señales tangibles como las intangibles comunicadas por la alta gerencia son positivas y de apoyo al proceso. Necesitas haber trabajado esto previamente, porque descubrir a estas alturas que no tienes el apoyo de la alta gerencia puede ser muy vergonzoso y frustrante.

Checklist

Prueba de apoyos para la implementación

- ❏ Ten conversaciones completas y francas con los gerentes senior directamente al empezar, para asegurarse de que están totalmente comprometidos y que dan su apoyo.

- ❏ Documenta qué es lo que estás tratando de lograr y haz que lo firmen (y, sí, me refiero a firmar **físicamente**).

- ❏ Haga que los principales stakeholders escriban un documento informativo explicando por qué esto es tan importante. Si no puedes hacer que hagan esto (debido al habitual 'Estoy demasiado ocupado', 'No tengo mi diario' o 'Podrías hacerme un favor y escribirlo tú por mí? '), entonces tendrás que escribir uno para que lo firmen. No es lo ideal pero mejor que nada.

- ❏ Asegúrate de que los principales stakeholders inicien cualquier sesión de lanzamiento, de preguntas más frecuentes o de presentación de nuevas propuestas. Ellos deben explicar:

  - ○ Por qué es importante.
  - ○ ¿Qué pasará si no se tiene éxito?
  - ○ El interés que mostrarán en esto.
  - ○ Cuando es el próximo check de seguimiento.
  - ○ Lo que esperarán ver en cada check.
  - ○ Su confianza en el éxito de este proceso.

- ❏ Hazles saber a las personas que la puerta está totalmente abierta para discutir cualquier problema que pueda surgir.

- ❏ Asegúrate de que todo lo que los stakeholders digan en público o privado está alineado, y que apoyan lo que estás tratando de hacer.

- ❏ Los comentarios privados extraoficiales a menudo son tomados muy en serio por subordinados y, si escuchas susurros que no están alineados con los objetivos del proyecto, necesitarás abordarlos muy en serio y lo antes posible.

❏ El seguimiento aquí es realmente importante, así que programa unos checks periódicos o sesiones de "dirección" para mantener a todos enfocados.

Consejo

Desarrollar buenos hábitos

Los buenos hábitos pueden ser realmente útiles para el nuevo sistema de KPIs. Los hábitos toman su tiempo en crearse. Una vez que las personas se han acostumbrado a recolectar y analizar los datos necesarios, las cosas se vuelven mucho más fáciles. Del mismo modo que apenas necesitas pensar en limpiarte los dientes por la mañana, la gente empezará a producir y procesar semiautomáticamente la información de la que depende el sistema de KPIs.

Hay mucha pseudociencia en torno al número de repeticiones requeridas para formar un hábito. No voy a tratar de sacar el número mágico de días para la formación de nuevos hábitos, pero te garantizo que reconocerás el momento en que has llegado a ese punto. Cuando llegas a esta etapa, las cosas pasan a hacerse como actividades cotidianas, más que como resultado de tener que estar recordándoles a diario. Hay ciertas cosas que puedes hacer para ayudar a la formación de este hábito.

Checklist

Asegurarse de que la recopilación de datos se mantiene a ritmo

❏ Minimiza la cantidad de variaciones del proceso entre repeticiones. Si puedes evitarlo, no hagas que el proceso sea muy diferente cada vez.

❏ Asegúrate de que haya un "latido del corazón", es decir, una frecuencia predecible entre repeticiones.

❏ Afronta cualquier señal de 'caerse del hábito' lo más rápido posible.

❏ Soluciona cualquier problema que impida que las personas hagan lo que deberían, y ¡hazlo rápido!

❏ Refuerza el buen trabajo con muchos comentarios positivos. Mide a través de un gráfico visual los errores de mesura y las omisiones, si es factible y apropiado.

Trampa

Trampa: Cosas a evitar...

❏ Cambiar el proceso con frecuencia o innecesariamente.

❏ Cambiar el diseño o la posición de las interfaces de usuario, formularios o documentación.

❏ Hacer que el proceso sea complejo, engorroso o difícil de cumplir.

❏ Permitir que existan excepciones 'grises' sin una guía clara sobre el procedimiento. Esto solo llevará a las personas a dejar aparcado algo que todavía no se ha terminado.

Cómo lidiar con los datos existentes y sus problemas

Algo que normalmente hace fracasar un sistema de control de la gestión es la practicidad en la recolección de datos. Vale la pena dividir los problemas en categorías separadas, ya que las soluciones varían según el tipo de problema.

Problemas más frecuentes con datos y las soluciones

Los cinco problemas más comunes son:

Problema 1 - Datos que viven en pequeñas 'islas' de las hojas de cálculo, documentos Word y bases de datos ad hoc alrededor de la organización.

Problema 2 - Conjuntos de datos que contienen información contradictoria, lo que lleva a una continua indecisión sobre qué conjunto de datos es válido y cuál usar.

Problema 3 - Datos existentes en diferentes formas.

Problema 4 - Falta de confianza en los datos.

Problema 5 - Grandes retrasos en la recopilación y cotejo de los datos.

En las próximas páginas, describiré cómo son los problemas y los métodos para abordarlos.

Problema 1 - Datos que viven en pequeñas islas

Esto es bastante simple de detectar, pero probablemente el más difícil de los desafíos a resolver.

Manejando las islas de datos abandonadas

- Desarrolla una definición clara de qué únicos KPIs necesitas recoger.
- Crea un mapa del proceso de producción para las métricas ('Mapear la producción de KPI' en la

página 145).

Este proceso debería eliminar rápidamente cualquier ambigüedad sobre de dónde provienen los datos y preocuparse por la precisión. La belleza de este enfoque se trata de hablar con casi todos en la cadena de suministro de datos, para descubrir información realmente útil sobre todos los fallos e incidentes que existen.

Consejo

Consejo: Mostrar dónde viven los datos en la organización

Crea una tabla simple como la del ejemplo a continuación, que muestre los datos agrupados según el lugar donde se encuentran.

Datos	Uso	Método almacenamiento	Ubicación	¿Fuente o duplicado?	Responsable	Datos de contacto
Libro de hipotecas	Informe ejecutivo	Excel vinculado a base de datos	Equipo MI, Sharepoint : Directorio MInfEjec	Extracto de dbase Oracle ref. k27	Laura Pringle	ext. 4555 l.pringle@ac mebank.com
Liquidez	Informe ejecutivo	Excel	Equipo Riesto, compartido con directorio XXX	Fuente	Jamie Walker	ext. 7524 j.walker@ac mebank.com
Queja	Informe ejecutivo	Excel enviado por mail	Directorio de Jim, Equipo MI	Duplicate	Jim Dorito	ext. 1744 j.dorito@acm ebank.com

Fig. 7.1: Una tabla que muestra dónde se encuentran los datos y si están duplicados

Luego contesta cada una de estas tres preguntas:

- ¿Es este el lugar correcto para almacenar esta información?

- ¿Está el método de recopilación de estos datos claramente definido y es efectivo?

- ¿Existe un mejor método para mover esta información desde el punto de almacenamiento hasta el punto de su uso, de una manera confiable y sin complicaciones durante el camino?

Puede ser que la solución más práctica a tu problema todavía implique enviar hojas de cálculo por correo electrónico o enviar trozos de papel por fax. La verdad es que esto todavía puede ser un sistema razonablemente efectivo siempre que se gestione con cuidado y se documente. Una plantilla simple para documentarlo se puede descargar desde mi sitio web: **https:// madetomeasurekpis.com/descargas-del-libro-kpi-checklists/**

Problema 2 - Conjuntos de datos que contienen información contradictoria

Este es un problema común y puede socavar rápidamente toda la confianza de los managers en el sistema de KPIs. Incluso alguien que no sabe nada sobre métricas, sabe que si observa, por ejemplo, unas cifras sobre la producción de accesorios en julio de 2007, entonces esperaría que cualquier otra cifra para la producción de accesorios en julio de 2007 sea la misma, ¿no? Por tanto, si una persona es expuesta a métricas de aspecto similar que dan cifras diferentes o contradictorias, hace que esa persona pierda la confianza en la métrica y la hace mucho menos propensa a usar esa información para la toma de decisiones. Esto también ofrece una oportunidad para que las personas usen esta diferencia para rechazar lo que dicen los datos, especialmente si no les gusta lo que dice el mensaje.

Hay muchas razones por las cuales podría surgir esta situación. A veces, esto surge porque en realidad estamos hablando de dos cosas diferentes con un nombre que suena similar. Otras veces, hay variaciones en cómo se calcula el KPI. Y a menudo, el error se encuentra en no incluir ciertos conjuntos de datos para el cálculo del KPI. Los tres tipos de problemas se pueden evitar con una hoja de definición de KPI (vuelve a consultar el Paso 5 para saber cómo crear una).

Checklist

Lidiar con múltiples conjuntos de datos 'similares'

❏ Crea una hoja de definición de KPI para cada KPI / métrica - esto nos asegura que estemos hablando exactamente sobre la misma métrica.

❏ Rastrea, registra e investiga incidentes con valores contradictorios - esto le ayuda a rastrear problemas y detectar patrones en los errores.

❏ Si la discrepancia es un síntoma de algún problema subyacente con la estructura de los datos, sea abierto y honesto sobre esto y desarrolle un plan para abordar los problemas subyacentes.

Problema 3 - Datos existentes en diferentes formas

Este problema puede cubrir diferentes períodos de tiempo, diferentes áreas geográficas o unidades de negocio diferentes. Esto hace que sea imposible consolidar de manera significativa y puede ser un tema realmente espinoso. Uno de mis recientes clientes se había fusionado previamente con otra organización. Cuatro años después de la fusión, el 'core' de la empresa anterior estaba usando todavía un calendario de 12 meses para sus finanzas y en la empresa 'fusionada' todavía usaban un calendario de 13 (4 semanas por período) para los años contables. Agregar y comparar datos fue una completa pesadilla que requería una plataforma de IT completamente nueva para poderlo resolver adecuadamente.

Esperemos que tus problemas no sean tan graves como los de mi ejemplo. Las soluciones al problema normalmente se dividen en una de estas categorías:

- Un parche en Excel, probablemente la solución más común.

- 'Data marts': bases de datos de la organización que agregan datos existentes y tienen más estructura y estabilidad que la solución del Excel.

105

- Herramientas de terceros para conectarse directamente a los datos de origen a través de múltiples fuentes, por ejemplo, SAS Grid.
- Una solución de IT completa - costosa, arriesgada y lenta.

La primera opción es la más utilizada. Puede funcionar bien, pero requiere una gran disciplina y un trabajo manual muy bueno para que sea confiable y preciso. Estas son algunas de las cosas que debes tener bien atadas para que las cosas sigan su camino:

Checklist

Lidiar con los datos que existen en diferentes formas

❏ Un documento central que muestre dónde se encuentran las fuentes de datos definitivas.

❏ Un registro de cambios para todas las hojas de cálculo críticas para el negocio.

❏ Hojas de cálculo bloqueadas para cualquier cálculo o datos sensibles, con una lista controlada de usuarios con permiso de edición.

❏ Mapas de proceso detallados que muestran de dónde vienen y hacia dónde van los datos, actualizado por individuos responsables.

❏ Un proceso de cierre de sesión para cualquier cálculo crítico en esas hojas de cálculo.

Cuanto más compleja sea una organización o más críticos sean los datos, más importantes se volverán estas disciplinas de mantenimiento de las hojas de cálculo.

Sobre ese último punto, aquí hay un gran ejemplo del sitio web de BBC News en abril de 2013, de por qué esto es crítico:

Historia Real

Historia verdadera: se necesita un experto para realmente cagarla

Un artículo del profesor Carment Reinhart y Ken Rogoff (exjefe economista del Fondo Monetario Internacional) describió cómo el crecimiento disminuye drásticamente cuando la deuda de un país supera el 90% del Bruto Producto interno (el tamaño general de la economía de un país).

Este documento fue ampliamente estudiado por los gobiernos y fue utilizado como una importante justificación para introducir medidas de austeridad.

Thomas Herndon, estudiante de la Universidad de Massachusetts Amherst, no pudo reproducir los resultados del análisis. Le escribió a los autores del artículo y solicitó la hoja de cálculo. Le enviaron la hoja.

"Todo el mundo dice que ver es creer, pero casi no creo lo que ven mis ojos" él dijo.

Había descubierto que los profesores de Harvard solo habían incluido 15 de los 20 países en su análisis para el cálculo del crecimiento promedio del PIB en países con alta deuda. También descubrió otros errores que agravaron el problema, además de que en algunos países faltaba la totalidad de los datos.

El análisis revisado mostró una relación mucho menos fuerte entre deuda nacional y crecimiento más lento, con varias excepciones notables.

Este es un resumen rápido. Puedes encontrar el artículo original en http://www.bbc.co.uk/news/magazine-22223190.

Problema 4 - Falta de confianza en los datos

Curiosamente, este es uno de los más comunes, lo que lleva a la pregunta ¿por qué demonios se está recopilando entonces? Empieza con esta misma pregunta. Si la necesidad desaparece, simplemente deja de recopilar e informar estos datos. Si se resulta ser potencialmente útil e importante, entonces debes encontrar la manera en cómo recuperar la confianza.

Checklist

Lidiar con la falta de confianza en los datos

❏ Comprende con precisión qué datos se están utilizando y para qué propósito.

❏ Habla con los stakeholders e identifica, a través de entrevistas estructuradas, qué datos les son de particular interés ('Hablar con los stakeholders y expertos en la materia' en la página 34).

❏ Recorta la lista de datos de alta prioridad. No tiene sentido tratar de abordarlos todos de una vez.

❏ Enumera los datos de alta prioridad y las preocupaciones reunidas en torno a esos datos.

❏ Haz una investigación muy detallada de algunos elementos específicos de los datos de alta prioridad.

❏ Si no hay problemas identificados, amplía el análisis.

❏ Si se identifican problemas, desarrolla un plan de contingencias y revísalo con tu 'sponsor'.

❏ En caso de acordarse uno, implementar el plan de contingencias.

❏ Establece controles para garantizar que las cosas sigan su curso.

Problema 5 - Grandes retrasos en la recolección y cotejo de los datos

Los paneles y dashboards generalmente involucran docenas, sino cientos, de piezas de información reunidas. La fecha de producción final de cualquier informe o documento será determinada por la pieza de información con un proceso de entrega más lento.

Entonces, ¿qué puedes hacer para mitigar algunos de estos problemas? En el orden que te sugiero que las pruebes, hay tres opciones.

Checklist

Lidiar con retrasos en la recopilación de datos

❏ Desarrolla un cronograma de publicación, con plazos claros de entrada de datos - es importante que esto sea realista y tenga espacio para imprevistos que pueden pasar en el día a día.

❏ Diseña un mapa con la cadena de suministro para el proceso de reporting si los plazos de entrada no están claros o todavía no se han acordado.

❏ Aplica el método SMED para reducir el tiempo del ciclo (más sobre esto en las próximas páginas).

Solo puedes usar SMED si ya has mapeado el proceso, que es por esto por lo que esta es la tercera de las opciones planteadas.

Acelera la recopilación de datos con SMED

Entonces, ¿qué diablos es SMED?

SMED es una gran herramienta con un nombre terrible. Es este enfoque el que permite a los equipos de McLaren en la Fórmula Uno a cambiar una rueda en 2.31 segundos cuando a un ser humano normal le tomaría 20 minutos. La herramienta (o por lo menos el enfoque actual) fue desarrollado por Shigeo Shingo. Él era consultor en Toyota en los años 50 y 60 y estaba tratando de que el taller de carrocería - un área con enormes troqueles de metal para estampar las partes centrales del automóvil - dejara de ser un cuello de botella para el proceso. Usando SMED - 'Single Minute Exchange of Dies' de sus siglas en inglés - redujeron los tiempos del proceso de horas (a veces días) a unos minutos.

Como mejor se aprende el SMED es a través de workshops. Aquí hay una rápida checklist de los pasos clave para aplicarlo. Yo recomendaría obtener un buen libro sobre el método o, mejor aún, inscribirse en un taller (Made to Measure KPIs hace talleres personalizados en caso de que los puedas necesitar; mirar datos de contacto en la introducción del libro para más información).

Checklist

Utilizando SMED: Observar el proceso

❏ Observa el proceso. (Podrías grabarlo en video si es un proceso llevado a cabo por una persona en un lugar concreto).

❏ Anota la duración de las actividades principales. Identifica las secuencias de estas actividades.

❏ Identifica si las actividades son internas (hay que parar el proceso para hacerlas) o externas (se pueden hacer sin detener la mayoría de las actividades para la producción del reporting).

❏ Dibuja un diagrama de Gantt que muestre las

operaciones internas y externas en diferentes colores / patrones (ver ejemplo en "Fig. 7.2").

Checklist

Utilizando SMED: Identificación de actividades internas

❏ ¿Qué datos puedes verificar y validar antes de empezar con la producción de los informes? ¿Cómo lo harías?

❏ ¿Qué datos y extractos deben de entregarse antes de que el proceso (por ejemplo, la producción de informes) pueda ejecutarse?

❏ ¿Cómo se podría subcontratar esta producción y suministro?

❏ ¿En qué condición debe de estar el proceso para poder producir el reporte? ¿Se pueden preparar con antelación las personas y los recursos de IT?

❏ ¿Qué ajustes y cambios tienen lugar durante la producción del informe?

❏ ¿Cuál de ellos se beneficiaría de la estandarización de funciones (por ejemplo, consultas prescritas, macros y trabajos por lotes)?

❏ ¿Qué es lo que hace que el operario busque información o genere comentarios durante la producción de informes? ¿Cómo puedes asegurarte de que la información es fácil de manejar, está organizada de manera eficiente y lista para ser utilizada?

❏ ¿Cuándo debes de realizar tareas complejas y complicadas, basadas en secuencias complejas y la memoria de los usuarios?

❏ ¿Se puede usar código, macros o scripts para automatizar total o parcialmente la manipulación compleja y más propensa a errores? ¿Podría ser la manipulación de datos evitada por completo con un sensible rediseño?

❏ ¿Se pueden mejorar las pruebas y verificaciones de los informes?

❏ ¿Puedes aprender de los errores anteriores?

❏ ¿Cuál es el régimen de prueba más racional - 100% de inspección o muestreo basado estadísticamente?

Utilizando SMED: Elimina o reduce las operaciones internas

Checklist

❏ Una vez que haya identificado las actividades internas y externas, agrupa las actividades internas. Esto ayudará a minimizar el tiempo que el proceso se tiene que pausar.

❏ Convierte las operaciones internas en operaciones externas. Por ejemplo, ejecutar una consulta previamente en un ordenador / sistema externo, en lugar de vincular esa consulta a un ordenador del analista durante la generación de informes.

❏ Reduce la complejidad de las operaciones que obligatoriamente son internas.

Utilizando SMED: Actividades externas

Checklist

❏ Asegúrate de que las operaciones externas realmente sean externas, es decir, que no tengas que parar tu proceso para ejecutarlas.

❏ Reduce el tiempo dedicado a actividades externas. Esto no reducirá el tiempo de configuración de la misma manera que lo hace externalizar actividades internas, pero reducirá el esfuerzo total necesario para la producción de informes.

Ejemplo

Ejemplos de reducción del tiempo de configuración

- Reduce la cantidad de bases de datos de origen u hojas de cálculo utilizadas en los informes de producción.

- Reduce la cantidad de manipulación manual requerida en las hojas de cálculo. Una opción es mediante el uso de macros o un diseño mejorado.

- Reduce el número de errores de entrada de datos a través de la comprobación de campos con lógica automática.

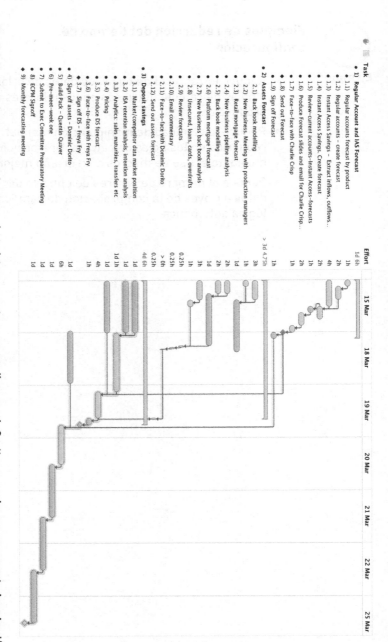

Fig. 7.2: Un ejemplo que muestra las operaciones internas y externas en un diagrama de Gantt para ayudar con un proyecto de reducción del tiempo de ciclo. Las operaciones internas son las barras azules, mientras que las externas son las más oscuras. Las acciones más críticas se resaltan con un contorno brillante.

Resumen sobre la aplicación de reducción del tiempo de ciclo SMED a procesos de KPIs

- Comprende cómo se mueven los datos y dónde comienzan y terminan.

- Elabora un calendario detallado y práctico que establezca quién necesita hacer qué y cuándo con cada uno de los datos.

- Asegúrate de que haya responsables bien definidos y que esos responsables estén preparados para señalar problemas y perseguir a las personas adecuadas cuando sea necesario.

Resiste la tentación de precipitarse hacia las soluciones de IT

Cuando te enfrentas a los cinco problemas típicos con los KPIs, puede pasarse por la cabeza implantar un sistema IT para solucionarlos. Si sigues adelante y creas el sistema de IT sin utilizar las técnicas recomendadas aquí, las probabilidades de fracasar serán muy altas,

¿Por qué? Por no haber pasado todavía por el 'círculo del tedio' que se requiere para obtener un KPI / sistema de recolección de métricas que funcione correctamente.

El círculo del tedio y por qué es útil

El círculo del tedio es el proceso lento y doloroso de verificar de dónde provienen los datos, encontrar que es un desastre, tratar de arreglarlo, descubrir que todavía funciona como lo teníamos previsto, hacer más arreglos, etc. Por experiencia, normalmente se tarda **al menos de 3 a 4 iteraciones** antes de que el sistema funcione bien y todos tengan confianza en él. El error que muchas organizaciones hacen es hacer un análisis simple de "la información que necesitamos" y "la información que tenemos disponible", para pasar directamente a diseñar un sistema. Este primer paso está lleno de defectos por todas partes. El problema es que, si vas directamente

115

al diseño del sistema, cualquier error o suposición incorrecta comienza a establecerse en el código del ordenador y se vuelve mucho más difícil y costoso de arreglar.

Más métodos Lean que pueden mejorar la producción de KPI

Este no es un libro sobre técnicas Lean, pero creo que vale la pena mencionar un par de herramientas Lean más que son especialmente útiles para mejorar la producción de KPI.

5S para mejorar la organización del lugar de trabajo

5S es una filosofía de organización del lugar de trabajo que se enfoca en la gestión visual y la buena organización. Hay muchos libros sobre este enfoque, aunque la mayoría se centran en empresas de producción. También se puede aplicar muy bien a entornos basados en información.

5S significa:

Sorting (Clasificación) - Optimiza tu almacenamiento para que los documentos:

- Estén en una ubicación lógica y auto explicativa.
- No requieran niveles interminables de navegación a través de carpetas para acceder a ellos.
- Se identifiquen claramente con datos relevantes (como la fecha de emisión).
- Hagan uso de un buen diseño, estructura lógica y una correcta señalización interna e indexación para garantizar que la información sea accesible.

Sweeping (Orden) - Elimina lo que no se necesita. Esto aplica no solo en el tablero o en el informe, sino también para el desorden de datos y hojas que hay 'detrás de las escenas'. El desorden en esas hojas de cálculo fuente te

116

estará frenando a la vez que llevándote a cometer más errores.

Straightening (Limpieza) - Limpia las bases de datos, eliminando registros incorrectos o inconsistentes.

Standardising (Estandarización) - Crea procedimientos estándar que sean altamente visuales y sean un fiel reflejo del proceso de producción de informes. Por ejemplo, guías de usuario y checklists.

Sustaining (Mantener) - Trabaja las habilidades y la formación de manera sistemática. Por ejemplo, con paneles de pared visuales como el 'Skills Matrix', página 162.

El 5S aplicado exitosamente va a:

- Mejorar la velocidad de acceso a datos o comentarios.
- Reducir el tiempo de 'búsqueda' de datos y otras entradas.
- Descubrir la escasez de recursos durante el tiempo de actividades externas.

Utiliza un método estructurado para resolver problemas

- El Ciclo PDCA para problemas recurrentes (ver "KPIs y el ciclo de mejora").
- Análisis de P-M para problemas intratables (ver Análisis de P-M de Shirose, Kaneda y Kimura, en la Bibliografía).

¡Hazlo otra vez!

Obtener el mejor 'tiempo de ciclo' posible puede requerir de varias rondas de actividad de mejora. Si vuelves a revisar un mismo proceso de producción de informes, asegúrate de que sea el mejor uso posible para tu tiempo.

Consejo

Si sucede lo peor

Incluso con el mejor enfoque del mundo, todavía habrá momentos en que no se produzcan datos. Cuando sea inevitable, sugeriría dejar los datos fuera del informe final para aún así poderlo entregar a tiempo, haciendo una clara referencia de dónde hacen falta datos y por qué. Retrasar un informe debido a la falta de información puede enviar un mensaje muy negativo a quienes consiguieron enviar sus datos e informes a tiempo, como por ejemplo que 'la fecha límite realmente no importa' o 'que sus datos no son tan importantes'. Con sistemas manuales en especial, hacer que las personas tengan una rutina o hábito regular es absolutamente vital para el éxito del sistema.

Recolectar datos

¿Cuáles son las opciones tecnológicas?

Este es un campo complicado que podría llevarnos varios libros. También es un área que se mueve bastante rápido, por lo que cualquier libro en profundidad necesita frecuentes revisiones para evitar quedar desactualizado. Sin embargo, mirándolo a un nivel más elevado, tiene algunas opciones para recopilar datos. Para cada una de estas he resumido muy brevemente cómo funcionaría el enfoque de recopilación de datos y qué elementos clave deberían estar en su checklist a nivel más general.

Los principales métodos de recopilación de datos son:

- Excel
- SharePoint
- Documentos en papel
- Sistemas existentes personalizados
- ERP / CRM / Workflows para la extracción de datos
- Sistema externo para la recopilación de datos

Veamos cada uno de estos más a detalle.

Usando Excel para la recolección de datos

Este es el abuelo de todos los sistemas de recolección de datos. Es el que yo veo que se usa con mayor frecuencia cuando algo se hace rápidamente y para usos concretos. Veamos los pros y los contras:

Pros

- A menudo rápido de configurar.
- La mayoría de las personas en un entorno de oficina pueden usar Excel a nivel básico.
- Excel ya existe en la mayoría de los escritorios, evitando posibles procesos largos de aprobación de sistemas de IT.
- Puede ser muy flexible.

- El análisis puede ser rápido y fácil.
- Fácil de importar y exportar datos a otras aplicaciones.
- Se puede integrar con SharePoint para mayor robustez.

Contras

- Mezcla datos fuente con análisis, lo cual es conveniente, pero en última instancia arriesgado.
- Puede volverse inestable con varias hojas de cálculo vinculadas.
- La complejidad se acumula rápidamente.
- Aunque Excel admite bloqueo de campo y trabajo colaborativo, puede ser inestable y un poco aterrador, particularmente en versiones anteriores como la del 2003.
- Muchas de las soluciones que he visto no se mantienen ni respaldan correctamente.
- Requiere un bloqueo cuidadoso de las fórmulas y del diseño para evitar que el usuario final cambie las hojas de entrada de datos.
- Rápidamente se vuelve difícil manejar con conjuntos de datos muy grandes.

Usar SharePoint para la recopilación de datos

SharePoint se ha convertido rápidamente en un espacio de trabajo colaborativo bastante sofisticado. Se usa en muchas empresas que conozco, pero en general con una versión obsoleta. Esto significa que probablemente tengas una visión no muy acertada sobre sus capacidades y flexibilidad.

Pros

- Hay una base de datos adecuada detrás de las escenas para mantener las cosas organizadas.
- Puedes configurar hojas de cálculo de Excel en SharePoint para que SharePoint se encargue de múltiples ediciones simultáneas.
- Las encuestas y los formularios son bastante fáciles de crear.

Contras

- Necesitas algo de asistencia técnica para configurar un sitio de SharePoint.
- Inevitablemente, se requiere algo de "préstamos" de otros sitios para poner en marcha pequeños proyectos; en mis clientes esto ha sido una lucha constante.
- En versiones de SharePoint anteriores a 2010 (es decir, las versiones que todavía se usan en muchas organizaciones) personalizar formularios es complejo / imposible.

Por lo tanto, SharePoint intercambia parte de la flexibilidad de Excel para mejorar la integridad de los datos y su robustez. Es una buena solución cuando necesitas un Excel como interfaz compartida para un grupo de trabajo o una recopilación rápida y sencilla de datos de encuestas. Donde parece que más cojea es en la rápida recolección de pequeños fragmentos de datos a lo largo del día. En este caso, la interfaz del usuario hace que recopilar datos sea una experiencia dolorosa.

Documentos en papel - Captura manual de datos

Puede sorprenderte ver esta tecnología tan antigua en la lista, pero hay todavía algunas cosas que puedes hacer con hojas de papel que simplemente son imposibles con cualquier otro sistema.

Pros

- Muy rápido de implementar.
- Todo el mundo sabe cómo completarlo.
- No ocupa espacio en el escritorio del ordenador.
- Permite comentarios adicionales sin restricciones.
- Asegura que un humano será quien lea esos datos.
- Visible y difícil de ignorar.

Contras

- Requerirá volver a introducir los datos.
- Requiere recolección física de las hojas.
- Cambiar el formulario requiere una nueva impresión y puede requerir control de diferentes versiones.
- Los formularios pueden agotarse.

De todas las opciones nombradas, nunca recomendaría llevar a cabo un sistema de recolección de datos con papel para el medio o largo plazo. Los sistemas de papel son muy buenos para crear prototipos a muy corto plazo y reunir pequeños conjuntos de datos muy rápidamente.

Características clave de los sistemas de recolección manual de datos más efectivos:

- Una definición adecuada de lo que mide quién y cuándo.
- Un calendario de recolección decente. Por decente quiero decir que haya suficiente tiempo para hablar con la persona que recopila los datos, resolver cualquier problema, formatearlo y enviarlo a aquellas personas que lo necesitan.
- Visibilidad de cuando hay problemas. Esto incluiría un 'registro de problemas' que

sea revisado por el equipo directivo y los responsables claramente definidos que recopilan los datos correctos respetando el calendario establecido.

Consejo

Hay una tendencia que viene de lejos de avanzar hacia los sistemas de IT por razones obvias, pero uno de los beneficios no reconocidos de una recopilación de datos manual es que la información adicional se pasa por toda la cadena y, obviamente, la información errónea se puede consultar desde el principio a medida que avanza a través de los cerebros humanos en lugar de solo un sistema de IT.

El otro beneficio menos obvio del sistema manual es que las personas son perezosas. Y no me refiero a esto en el mal sentido, pero sí que hay una reticencia real en las personas para recopilar información que saben que no se va a usar o que se pueda considerar como defectuosa. Un riesgo con los sistemas altamente automatizados es que pueden crear un océano de informes inútiles y no leídos con tan solo hacer clic en un botón.

Recopilación de datos - Sistema existente personalizado

Esta es una categoría realmente amplia. La conversación normalmente se da del estilo 'Tenemos un sistema de atención al cliente X, ¿por qué no podemos simplemente agregar un pequeño cuadro de diálogo para capturar Y y un botón para capturar el elemento de datos Z?

Pros

- Evita la necesidad de documentos de sistemas adicionales.
- Mantiene la interfaz de usuario consistente que las personas ya conocen.
- uede llegar a permitir la recopilación de datos útiles generados por el sistema automática y

simultáneamente con datos ingresados por el usuario.

Contras

- Tiene todos los riesgos asociados que vienen con el desarrollo de software. Es decir, aumento de presupuesto, aumento de alcance y del riesgo de fracaso del proyecto.
- Requiere una especificación de proyecto muy clara al inicio (cuando, en mi experiencia, las personas a menudo no son tan claras sobre lo que necesitan o quieren).
- Puede introducir riesgos operativos si estas adiciones son para un entorno de producción.
- Por lo general, la implementación puede ser una opción muy lenta y costosa.
- Normalmente involucra a un proveedor externo de IT.
- A menudo se encuentra con una oposición masiva de las funciones internas de IT.

Si esta opción tiene un lugar, normalmente es en la última milla de un largo viaje de KPIs, donde quizás estés reemplazando un sistema de recopilación de datos torpe con algo más permanente. Es importante saber dónde te estás metiendo y que tienes las capacidades de liderazgo y de IT necesarias para poder aterrizar el proyecto con éxito. Si hay **alguna duda** sobre cómo sería un resultado exitoso, recomiendo encarecidamente no seguir este camino.

ERP / CRM / Workflow para la recolección de datos

La mayoría de las organizaciones actualmente tienen grandes sistemas en un segundo plano para recolectar datos sobre su operativa. Si ya tienes la suerte de estar recopilando la mayor parte de la información que necesitas, entonces configurar una recolección de datos automatizada desde los diferentes sistemas es una opción tentadora. Muchos de los riesgos y los beneficios son similares a los de la sección anterior. La principal diferencia es que este enfoque eliminará algunos de los aspectos operativos y el riesgo de desarrollo.

Pros

- Opción invisible para el usuario final, por lo que es la solución ideal si todos los datos que necesitas ya están recopilados.
- Puede ser completamente automatizado.
- Será probado y validado antes de implantarse.
- No requiere un nuevo software ni sistemas IT.

Contras

- Se vuelve muy problemático si necesitas complementar la recopilación de datos existente con comentarios de los usuarios: esto requiere el desarrollo de una nueva interfaz de usuario, junto a todos los riesgos y costes de desarrollo que conlleva.
- En muchos sistemas, el acceso a la base de datos de producción está restringido o protegido, requiriendo que se configure una base de datos espejo para la analítica de datos. Esto puede ser complejo y costoso.
- En un sistema totalmente automatizado, gran parte de los datos no son analizados por seres humanos reales. Se hace fácil pasar por alto detalles cruciales y errores en los datos que finalmente pueden reducir la calidad de los análisis que se realizan.

Aunque esta pueda parecer una opción muy atractiva, mi experiencia es que nunca funciona de manera tan elegante, económica o rápida como te imaginas. Al igual que la opción 'sistema existente personalizado', es adecuada para una organización más madura que sea muy clara en lo que quiere, sepa los datos que necesita y sabe en lo que se está metiendo desde una perspectiva de sistemas.

Sistema externo para la recopilación de datos

Hay una clase de software llamado 'analítica de escritorio', o como algunos de mis clientes lo llaman, 'spycam'.

La forma en que funciona el software es conectándose a la API de Windows (Application Programming Interface - el método por el cual los programas interactúan con sistema operativo).

Este enfoque permite que un pequeño programa en el escritorio del usuario identifique qué está sucediendo en el escritorio y que notifique que ciertas actividades se están realizando. Esto parece funcionar bien en entornos con procesos bien definidos que tienen mayoritariamente funcionamiento PC. Actualmente hay tres proveedores destacados de este servicio: OpenSpan, Verint (Impact 360) y Nice (RTAM). Estos sistemas normalmente permitirán agregar metadatos (datos suplementarios) mediante el uso de menús desplegables y personalizables o cuadros de texto. Una vez en funcionamiento, el sistema puede ser una forma muy valiosa de recopilar datos relacionados con problemas, metadatos y comentarios del usuario.

Pros

- Se puede ajustar para recopilar solo la información que necesitas saber.
- Basado en una base de datos robusta, por ejemplo, SQL o Cognos
- Menos complejo que desarrollar un sistema desde cero.

Contras

- Requerirá una configuración que puede ser extensa si tiene procesos mal definidos.
- Requiere contrato de soporte con proveedores externos.
- No es tan flexible como otras soluciones (menos permanentes) como Excel.
- Requiere presupuesto, soporte y compromiso por el equipo IT.

Entonces, para resumir, las tres opciones que son más probables que uses en un corto y medio plazo son Excel, SharePoint y hojas de papel. Las otras opciones descritas aquí son técnicamente más elegantes y es probable que sean más robustas, pero también que se conviertan en proyectos propiamente dichos y deban ser tratados con precaución si se encuentran en la 'ruta crítica' para la implementación del sistema de KPIs.

Aquí hay una checklist de selección que debería ayudarte a identificar cuál de estas opciones es la mejor para ti:

Selección del método de recolección de datos

Checklist

- ❏ ¿Qué tan permanente debe ser la solución?
- ❏ ¿Estás preparado para encontrar fondos y establecer un proyecto para un nuevo software?
- ❏ ¿Cuántos usuarios participarán en la recopilación de datos?
- ❏ ¿Está el departamento de IT comprometido y dando soporte?
- ❏ ¿Qué tan grande debe ser el conjunto de datos?
- ❏ ¿Qué tipo de análisis se realizará en los datos?
- ❏ ¿Está involucrado el texto libre?
- ❏ ¿Qué planes de expansión pueden estar involucrados? Esto afectará la naturaleza de los datos recopilados y la arquitectura que elija.

Hay mucho que tener en cuenta cuando se recopilan datos. Es fácil pasar por alto algunos de los puntos críticos, así que aquí hay una checklist que puede ayudarte a asegurarte de haber tenido en cuenta la mayoría o todos los aspectos importantes para la recopilación de datos.

Checklist

Recopilación de datos

❏ ¿La fuente de datos está definida por rol? Es importante asegurarse que no solo tienes el nombre de alguien como fuente de datos, sino que los datos se asignan a un rol. Si una persona está enferma o se va de la empresa, todavía debe saberse de dónde provienen los datos. Es importante tener esto como parte del rol de alguien para que haya un reconocimiento formal de que le dedicará parte del tiempo de ese rol durante su jornada.

❏ ¿Es la recopilación de datos una tarea razonable? ¿Cuánto tiempo lleva recopilar la información y verificarla? ¿Es razonable y la persona encargada de hacerlo está de acuerdo en dedicar este tiempo a la tarea?

❏ ¿Existe un control para garantizar que los datos se recopilan y se presentan de manera oportuna? ¿Falta un sistema para el seguimiento de datos incorrectos?

❏ ¿Tienes una definición de KPI para los datos que estás recopilando (consulta la sección, "Define tus KPIs", página 66)?

❏ ¿La persona que proporciona los datos comprende exactamente qué se espera de ellos y cuándo?

❏ ¿Existe un plan de contingencia para recopilar los datos en caso de enfermedad o de vacaciones?

❏ ¿Tienes un plan para gestionar los datos históricos de KPIs? Muchas organizaciones con las que he trabajado eliminan o sobrescriben los datos y posteriormente lo lamentan.

❑ ¿La recopilación de datos tiene un apoyo muy importante? Sin ningún tipo de apoyo administrativo, la recopilación de datos rápidamente fracasará.

Analizar datos

Herramientas de análisis para un entorno cambiante

Para muchas personas, esta es la parte divertida. Afortunadamente, el mercado está extremadamente bien servido con herramientas de exploración y análisis de datos. Este es un mercado que cambia a un ritmo muy alto, con varios jugadores importantes. Mi primera opción cuando miro herramientas de análisis para mis clientes es el informe Gartner BI Magic Quadrant (BI significa 'Business Intelligence'). El valor del informe de Gartner está en que nos ayuda a comprender cuáles son las mejores ofertas. Los informes suelen ser equilibrados, con buena información y valen la pena.

Como este informe se posiciona muy bien entre los proveedores de servicios mejor clasificados, normalmente encontrarás que alguno de ellos regala el informe de Gartner gratuitamente (a partir de 2013 es Tableau). Es un documento completo, toma dos o tres horas para digerir correctamente, pero en él descubrirás cuáles son las mejores herramientas para tus necesidades particulares.

Cada herramienta tiene una "ventaja competitiva": el propósito para el cual fue específicamente desarrollada. Aunque muchas de las herramientas, y en particular las de los grandes jugadores, podrán hacer casi de todo, con la experiencia encontrarás cada una es mejor en algunas cosas que en otras.

Estas son algunas de las preguntas que debes hacerte cuando estás eligiendo qué herramientas de analítica usar:

Checklist

Elija la herramienta de análisis adecuada

❑ ¿Qué herramientas analíticas se utilizan actualmente en la organización?

❑ ¿Cuál es la política de IT actual de la organización

sobre preferencias por soluciones de herramientas analíticas?

❏ ¿Se tiene alguna herramienta con licencia comprada pero que actualmente no se está usando esa licencia?

❏ ¿Cuál es el presupuesto?

❏ ¿Qué habilidades analíticas y de software existen dentro del equipo?

❏ ¿Se siente cómoda la organización con el "software como servicio" (SaaS)?

❏ ¿La herramienta aloja los datos en su propia base de datos o los importa de fuentes de datos existentes?

❏ ¿Con qué sistemas ya existentes tendrá que interactuar cada una de las herramientas analíticas?

❏ ¿Qué tipo de resultado se está buscando? Por ejemplo, informes en papel estático, análisis en directo a través de la web, autoservicio, etc.

Consejo

Cuándo ser pragmático con herramientas analíticas

Después de haber trabajado en organizaciones de servicios financieros, todavía tengo las cicatrices de una política de IT muy lentas y conservadoras. He aprendido, a través de duros aprendizajes, que a menudo es más efectivo ser pragmático y usar una herramienta ya existente, aunque no sea la mejor, que meterse en una batalla interminable por conseguir la herramienta ideal.

Como la mayoría de las personas, tengo algunos 'viejos favoritos' que me gusta usar. Dos de estos entran en la categoría de 'exploración de datos'. Estas herramientas son TIBCO Spotfire y Tableau. Ambas herramientas tienen una ventaja competitiva similar, que es una exploración rápida e intuitiva de datos existentes en múltiples fuentes. Como beneficio adicional, ambas aplicaciones tienen estándares de presentación sobresalientes, mostrando muchas de las características a las que insisto a mis clientes a que aspiren: simplicidad, moderación y claridad visual.

La herramienta analítica que probablemente terminarás usando es Excel, tal vez alimentado con algún resultado de una base de datos SQL o una consulta de Oracle. Hacerlo así no tiene nada de malo, pero puede valer la pena apuntar un poco más alto en el mediano y largo plazo.

Frecuencia de medición y reporting - Encontrando el 'latido del corazón' del KPI

Puede parecer una pregunta obvia, pero ¿te has preguntado con qué frecuencia necesitas medir cada KPI? Si mides las cosas con demasiada frecuencia corres el riesgo de ahogarte en un trabajo innecesario y ver pocos beneficios. En el otro extremo, no medir con la frecuencia suficiente significa que la toma de decisiones puede retrasarse y algunos o desaparecer todos los beneficios de la medición.

Las razones más comunes para elegir la frecuencia de reporting son 'Esta es la frecuencia con la que se han generado los informes hasta el momento' y todo gira alrededor 'del ciclo contable' (incluso si se trata de datos no financieros). Realmente, estas no son razones lo suficientemente buenas, aunque, por supuesto, la frecuencia óptima podría haber sido escogida por casualidad.

No hay una regla de oro aquí, pero la siguiente checklist plantea algunos puntos que te podrían ayudar a encontrar una frecuencia de reporting sensata:

Checklist

Decidir la frecuencia del reporting

- ❏ ¿Cuánto tiempo lleva recolectar los datos?
- ❏ ¿Qué esfuerzo se requiere para recopilar los datos? (Intenta definirlo en 'días de trabajo por persona'.)
- ❏ ¿Cuál es el período más largo durante el cual normalmente se obtendrán cambios casi insignificativos?
- ❏ ¿Después de qué período de tiempo los datos dejan de tener sentido o pasan a ser menos relevantes?
- ❏ ¿Cuánto tiempo lleva implementar acciones basadas en los datos? El punto aquí es que esto es parte de la línea temporal para la información-reacción.
- ❏ ¿Cuál es el intervalo más corto, después de un incidente, para que las cosas puedan salir realmente mal sin que sea detectable? (Véase también el enfoque FMEA en "Gestionar el riesgo usando FMEA", página 139.) La frecuencia de reporting debe captar un problema **antes** de que se convierta en una seria crisis.

Entonces, los datos que cambian rápidamente y son muy fáciles de recopilar serían un candidato para una alta tasa de muestreo. Ejemplos de esto podrían incluir precios de las acciones, altitud del avión o número de clientes en espera en una centralita de llamadas.

Las situaciones en las que se tendría un intervalo de muestreo mucho más largo podrían incluir niveles de satisfacción del cliente, tasas de inflación o indicadores de la rotación del personal.

Historia Real

¡Generador de resultados aleatorios!

He visto varios ejemplos en cada extremo de la escala. Con un cliente, involucrado en un proceso químico complejo, descubrimos que el proceso variaba con frecuencia fuera de sus límites de control cada 10 - 15 minutos, pero estaban tomando una sola muestra cada **24 horas**.

En el otro extremo de la escala, he visto centralitas de llamadas siguiendo de manera obsesiva el 'tiempo de duración promedio', cuando en realidad la variación que estaban viendo era puramente dispersión estadística. La situación de la centralita es un buen ejemplo de 'Tenemos la información fácilmente accesible, por lo que la vamos a usar".

El intervalo de muestreo ideal a menudo no será el mismo que el intervalo de muestreo real o práctico. Antes de ser demasiado perfeccionista, el mejor enfoque es usar lo que se tiene actualmente, pero también asegurarse de haber definido cuál es el ideal, para tener visibles algunos objetivos de mejora. Asegúrate de pensar y registrar tu "frecuencia de muestreo ideal" en la base de datos de definiciones de KPI (consulta "Frecuencia de actualización", página 67).

Empieza con algo pequeño: Ejecutar una 'prueba de concepto'

Las situaciones varían, por eso es mejor comenzar con una pequeña implementación piloto si es posible. A veces hay situaciones en las que esto no es posible, por ejemplo, donde haya una presión intensa por parte del regulador de la industria. Ten presente, sin embargo, que pasar directamente a un diseño y ejecución total aumentará el riesgo de la implantación del sistema.

Ejecutar una 'prueba de concepto' para el nuevo sistema

Checklist

❏ Identifica el número de usuarios que necesitas para que la prueba de concepto sea significativa.

❏ Identifica las diferentes operaciones funcionales del día a día que se necesitan incluir para que los resultados sean significativos.

❏ Incluye variaciones en el panorama de IT, por ejemplo, los diferentes sistemas de IT heredados y actualmente en uso.

❏ Evalúa las consecuencias de un fallo completo o parcial en la prueba de concepto - ¿existe algún riesgo operativo o de servicio?

❏ Obtén el compromiso de la alta gerencia de que, si la prueba de concepto es exitosa, se le dedicarán más recursos y atención.

❏ Documenta los criterios de éxito.

❏ Crea un borrador de proyecto chárter.

❏ Revisa la prueba de concepto en base a los criterios de éxito.

Recordatorio para la memoria de los proyectos de IT

Las preguntas habituales de más valor que debes tener en cuenta para cualquier proyecto de IT están incluidas en la siguiente checklist.

Checklist

Recordatorio para la memoria de los proyectos de IT

❏ ¿Cómo y dónde se alojan físicamente los datos y el software?

❏ ¿Cuáles son las consideraciones de seguridad de datos / protección de datos?

❏ ¿Quiénes son los stakeholders en el proyecto de IT?

❏ ¿Cuáles son los costes asociados? Por ejemplo, hosting, contratos de mantenimiento y costes de soporte interno.

❏ ¿Hay algún requisito específico por parte de los reguladores?

❏ ¿El software que estás buscando está en la lista de proveedores recomendados?

❏ ¿Cuál es el proceso de aprobación para el nuevo software?

❏ ¿Hay alguna otra consideración de red / infraestructura?

❏ ¿Hay alguna ley de privacidad que se deba tener en

cuenta (especialmente para Europa y en concreto Suiza)?

❏ ¿Qué recursos / personal a tiempo completo se requieren?

❏ ¿Quién paga la factura?

❏ ¿Con qué otros procesos de aprobación interna se debe cumplir?

Idea Clave

Gestionar el riesgo usando FMEA

Una de las herramientas más utilizadas para medir y gestionar el riesgo es el llamado FMEA o 'Failure Mode and Effect Analysis'.

Si bien el nombre quizás no es uno de los más comprensibles de primeras, el concepto subyacente es muy útil y poderoso. Aquí veremos una breve guía sobre el FMEA. Hay muchos otros libros con los que podrás investigar en más detalle.

FMEA es un enfoque desarrollado para permitirte comparar y equilibrar problemas que son poco probables pero muy serios con otros que pueden ser más frecuentes, pero mucho menos graves. Te brinda una forma de equilibrar el riesgo y su probabilidad de forma numérica. Esto puede ayudarte a equilibrar lo aterrador pero inusual (accidente aéreo catastrófico) con lo menor pero frecuente (golpearse el pulgar con un martillo).

Fallo	Modo	Efecto	Probabilidad	Severidad	Puntuación	Mitigación
Datos perdidos	Excels no completos	Datos perdidos o incompletos	9	7	63	Implementar registro de seguimiento
Datos perdidos	Excels completos no retornados	Datos perdidos o incompletos	6	7	42	Documentar el proceso y tener 'recolectores' de respaldo
Datos perdidos	Quedarse sin hojas de captura	Datos perdidos o incompletos	8	9 (afecta todo el equipo)	72	Poner en hoja 'kanban' - reabastecimiento en niveles bajos
Datos perdidos	Personal no consciente del requisito	Datos perdidos o incompletos	8	5 (solo nuevo staff afectado)	40	Añadir en la formación de bienvenida

Fig. 7.3: Un ejemplo de matriz FMEA

Checklist

Gestionar el riesgo con FMEA

❏ Revisa tu sistema o proceso y hazte la pregunta '¿Qué pasa si esto falla?'.

❏ Documenta los eventos consecuentes de un fallo del sistema.

❏ Asigna una puntuación de probabilidad, usando una escala del 1 al 10.

❏ Asigna una puntuación para la gravedad de las consecuencias usando una escala del 1 al 10.

❏ Calcula la probabilidad multiplicada por la gravedad.

❏ Usa esta puntuación total para identificar los riesgos de alta puntuación y dale prioridad a la hora de definir acciones para mitigar los riesgos.

Ejemplo

FMEA de quedarse dormido mientras se conduce

Fallo:	Quedarse dormido mientras se conduce
Motivo del fallo:	Conducción nocturna, falta de descanso o frenos
Consecuencia:	Posible pérdida total de la vida para aquellos en el automóvil

La probabilidad de que esto ocurra = **2**

La gravedad de este fallo = **10**

Puntuación total = **20**

FMEA de mala visibilidad al conducir

Fallo:	Choque debido a poca visibilidad
Motivo del fallo:	El conductor olvida revisar el limpia parabrisas antes del viaje
Consecuencia:	Posible pérdida total de la vida para aquellos en el automóvil

La probabilidad de que esto ocurra =   **8**
La gravedad de este fallo =   <u>**10**</u>
Puntuación total =   **80**

Calibra tus puntajes FMEA

Probablemente hayas visto el punto débil de este enfoque, que es la subjetividad de la escala de puntuación del 1 al 10. Es un juicio subjetivo. Tú puedes mejorar en gran medida la solidez y la credibilidad de tu análisis al definir una escala calibrada. Esto se podría hacer dando ejemplos relevantes de lo que se calificaría como 1, 5 y 10. Esto permite a la persona que complete el FMEA tener una buena referencia en la escala calibrada.

Una vez que hayas identificado los riesgos y problemas de alta puntuación, el siguiente paso es hacer lo posible para prevenirlos. Se hace creando 'mitigaciones' o cosas que se podrían hacer de manera diferente para evitar el problema, para luego volver a calificar ese riesgo usando el mismo proceso y mostrar la nueva puntuación mejorada.

Entonces, en la práctica, se crearía una hoja de cálculo con los siguientes títulos:

- Descripción del fallo (qué sucede)
- Descripción del motivo (cómo sucede)
- Consecuencia / Efecto
- Probabilidad: escala del 1 al 10

- Gravedad: escala del 1 al 10
- Puntuación FMEA (gravedad x probabilidad)
- Mitigación
- Probabilidad revisada
- Gravedad revisada
- Puntuación FMEA revisada

Aquí hay un ejemplo de una hoja simple de FMEA:

A la derecha de la columna 'Mitigación' sería lógico añadir una columna más para mostrar la puntuación esperada una vez implementadas las acciones de mitigación. También puedes añadir una columna para el seguimiento de acciones y poder llevar el seguimiento de estas durante la implementación. Estas columnas no aparecen en el ejemplo anterior para poder mantenerlo legible.

Consejo

Detección y FMEA

También puedes refinar esta matriz añadiendo una columna adicional llamada Detección. Por ejemplo, a menudo es difícil saber cuándo estás a punto de quedarte dormido, por lo que esto tendría una puntuación alta para la detección, mientras que un parabrisas muy sucio es fácil de detectar, por lo que es poco probable que lo dejes llegar hasta un nivel peligroso: una puntuación alta implica baja detección, aumentando la puntuación.

Si usas un valor de detección, el puntaje FMEA se convierte en probabilidad x gravedad x detección.

Una plantilla gratuita de FMEA en Excel está disponible para descargarla en: **https://madetomeasurekpis.com/ descargas-del-libro-kpi-checklists/**

Lanza una primera versión de tu producción de informes

En algún momento estarás listo para lanzar tu primer informe de KPI o dashboard. Esta es una etapa estresante y bastante delicada del proceso. Si colocas los primeros outcomes de forma incorrecta, o tiene errores importantes, la credibilidad puede perderse, siendo extremadamente difícil recuperar la situación. Aquí hay algunas comprobaciones previas que quizás desees hacer antes del primer lanzamiento.

Checklist

Verificación previa antes de lanzar nuevos informes / dashboards

❏ Introduce un proceso de 'verificación del origen' para tener la confianza de que los datos provenientes de otros lugares son aceptables y respaldados por los que lo proporcionan.

❏ Publica definiciones de KPI con el informe como referencia.

❏ Publica cualquier problema conocido con las definiciones o datos dentro del informe y qué acciones, si hay alguna, se están tomando para abordar esas cuestiones.

❏ Prueba los datos en una audiencia pequeña y amigable primero, para ayudar a eliminar cualquier problema obvio.

❏ Añade cualquier advertencia al informe inicial y explica qué problemas se pueden esperar en la primera edición.

❏ Siéntate con los stakeholders clave y guíalos a través del informe. antes de que se presenten en cualquier foro público, para que puedan sentirse cómodos con el contenido y puedan expresar en privado cualquier preocupación o hacer cualquier pregunta.

❏ Si los stakeholders clave se sienten cómodos, asegúrate de que lo confirmen explícitamente.

Consejo

Mantén al equipo actualizado sobre las mejoras de los informes

Puedes elegir incluir una actualización de desarrollo de informes con cada problema para mostrar lo que ha cambiado con respecto a problemas anteriores y cualquier problema identificado. Asegúrate de hacer que sea fácil para las personas contactar contigo o con el autor del informe para dar feedback. Añade nombres y datos de contacto en cada documento que produzcas.

Pon tus KPI en producción y documenta el proceso

Lo más probable es que tu primer intento para recopilar los datos y hacer el análisis sea un poco confuso. Una vez que hayas completado el ciclo unas cuantas veces, este comenzará a tener un proceso mejor definido que luego necesitarás documentar para que sea confiable y reproducible.

La documentación es una parte muy importante para poner en producción los KPIs. Debes poder mostrar y explicar claramente el proceso a aquellos involucrados, para comparar lo que está realmente sucediendo con lo que debería estar sucediendo, una vez que esté en funcionamiento. La herramienta para esto es el mapeo de procesos.

Mapear la producción de KPI

¿Por qué el mapeo de procesos en un libro sobre KPIs?

El mapeo de procesos es una herramienta realmente familiar para muchas personas. Se usa casi en todas las metodologías que se busca mejorar. Casi dudo en hablar de esto en este libro, ya que es algo altamente conocido. Pero curiosamente, no veo que se use muy a menudo para la producción de KPI, así que he incluido una sección corta mostrando los conceptos básicos de cómo crear un mapa de procesos simple para el proceso de producción de KPI.

Mapear la producción de KPI puede tener una serie de beneficios:

- Proporciona una visión general completa del proceso de producción de KPI (a menudo por primera vez).

- Involucra a los propietarios del proceso en el diálogo, con ellos claramente en la posición 'experta' - ideal para su aceptación.

- Permite la mejora del proceso y la simplificación del trabajo.

- Crea las bases para reducir los tiempos de producción, para las habilidades de gestión y para las auditorías.

Estándares para el mapeo de procesos

Básicamente hay tres símbolos que necesitas conocer para empezar con el mapeo de procesos:

Fig. 7.4: Los símbolos de mapeo de procesos más comunes.

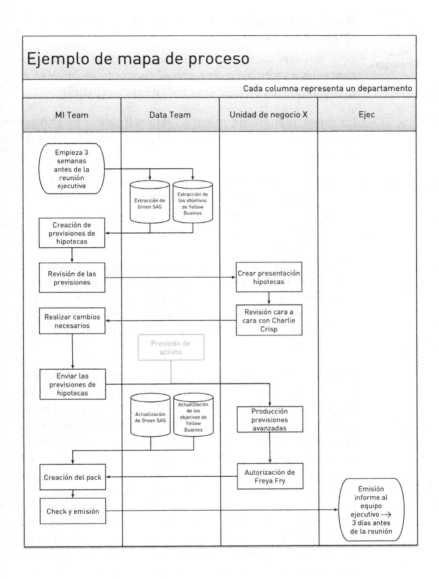

Fig. 7.5: Un ejemplo de un mapa simple del proceso de producción de informes. Este usa diferentes columnas para mostrar las responsabilidades en cada paso.

Trampa

Niveles de mapeo de procesos - por qué son importantes y difíciles

Una de las cosas más difíciles sobre el mapeo de procesos es familiarizarse con el concepto de 'niveles' y luego definirlos de manera consistente y repetible.

La mejor manera de mostrar esta diferencia es con un ejemplo simple como el usar el baño a primera hora de la mañana.

- En un nivel alto, podríamos tener un cuadro de proceso llamado 'usar el baño'.

- En un nivel más detallado, podríamos tener 'ducharse', 'limpiarse los dientes ', 'lavarse la cara' etc.

- Bajando en un nivel más de detalle el proceso 'limpiarse los dientes', este puede desglosarse en una serie de pasos secundarios que incluyen poner la pasta de dientes en el cepillo, limpiarse partes específicas de la boca y usar enjuague bucal.

Este ejemplo muestra tres niveles diferentes de detalle para un mismo proceso. ¿Por qué es importante separar el proceso en múltiples niveles? Bueno, si estás dirigiendo un taller, comprenderás rápidamente que se convierte en imposible mapear el proceso si se entra en demasiados detalles de primeras. Dividir el proceso en niveles ayuda a mantener las cosas manejables en términos de creación de procesos y también al mapeo de procesos físicos.

Me temo que no hay un estándar universal sobre los niveles, así que el mejor consejo que os puede ofrecer es el crear algunos ejemplos específicos, que puedan funcionar en la organización para ilustrar cada uno de los niveles y designar un árbitro final que garantice la coherencia del enfoque en todos los otros mapas de procesos.

Checklist

Crea mapas de tu proceso de producción de KPI

Mapeo del proceso

❏ Decide qué herramienta vas a utilizar para documentar tus mapas (por ejemplo, Visio, PowerPoint, Aris, etc.).

❏ Encuentra un repositorio online o físico para los mapas de procesos y a los que los usuarios puedan acceder.

❏ Acuerda los estándares para el mapeo de procesos.

❏ Crea un sistema de control de versiones y un sistema de numeración de revisiones.

❏ Acuerda el contenido del pie de página para los mapas de proceso.

❏ Decide los datos de contacto para los mapas de proceso: los números de teléfono son lo mejor, luego el correo electrónico.

❏ Identifica a los stakeholders en el ejercicio de mapeo de procesos utilizando la matriz RACI (ver "Definiciones RACI" para más información sobre RACI, página 32).

Los stakeholders pueden incluir:

- Operaciones
- Riesgo
- Reguladores
- Seguridad de datos
- Privacidad
- Calidad

Checklist

Involucrar a los stakeholders en la creación y revisión de los mapas de proceso

❏ Establece quién es necesario que firme o apruebe el proceso del KPI.

❏ Obtén la validación y aprobación para los nuevos procesos de KPI.

❏ Pon en marcha una revisión periódica y un proceso de auditoría para nuevos procesos.

Buscar activamente feedback y propuestas de los usuarios

La mayoría de las personas han comprado en una gran cantidad de tiendas diferentes. Sabrás por experiencia que, en algunas tiendas, cuando devuelves algo con algún problema o porque no te gusta, te responden alegremente y te gestionan la devolución de manera ágil y sin complicaciones. En cambio, hay otras tiendas donde el lenguaje corporal, el tono y la manera son claramente amenazantes - incluso llegando a desafiar tus motivos o derechos a devolver algo. Si te toca lidiar con el segundo tipo de tienda, rápidamente te vuelves reacio a tener cualquier tipo de interacción con ellos. Sabes que digan lo que digan en su misión de empresa o en su política de devoluciones, simplemente no es demasiado agradable lidiar con ellos.

Es lo mismo cuando estás desarrollando un nuevo proceso de KPI (o cualquier otro proceso). Es realmente importante tener mucho cuidado de no crear un ambiente que rechace el feedback constructivo y el reporte de problemas. Solo se necesita un par de comentarios imprevistos o alguien que explique con entusiasmo por qué la persona que da su opinión está en lo incorrecto para que, en lugar de aceptar los problemas, se cree un clima para tratar de esconderlos debajo de la alfombra.

Como gran parte de lo que se requiere para generar

una buena cultura de feedback es intangible, es difícil crear una checklist que lo incluya todo. Aún así, aquí hay algunas cosas que debes asegurarte de que estén en su lugar:

Checklist

Recopilar feedback efectivo de los usuarios

❑ Asegúrate de que haya una manera clara para que los stakeholders den su opinión fácilmente y sin consecuencias.

❑ Asegúrate de que el feedback no se convierta en un límite para la carrera de aquellos que lo dan.

❑ Comunica al equipo que se están llevando a cabo acciones positivas y con alto impacto como resultado del feedback.

❑ No discutas o contraataques cuando las personas estén dando el feedback.

Este último punto en particular puede ser un poco controvertido. Hay dos cosas que suceden cuando alguien da su opinión. El primero, es un reflejo de problemas con el proceso al que hace referencia. Lo segundo es que te están dando nada más que su percepción. Incluso si esta percepción es errónea, no confías en ella o crees que lo ha malentendido, entonces tienes un problema. Sería como si el hardware o software subyacente no estuviera funcionando según lo diseñado. Es importante pensar detenidamente sobre cómo intentar arreglar esta percepción en lugar de simplemente 'discutir' y arriesgarse a cerrar la puerta a todo feedback para siempre.

Revisa y refina tu sistema a lo largo del 'periodo de garantía'

En lugar de dejar que los problemas pasen a formar parte del día a día, realiza los cambios tan rápido como sea posible. La única situación en la que quizás quieras dudar antes de hacer esto es si se tienen que realizar cambios en el esquema de datos subyacente y arriesgarse a devaluar todo el proceso. Con esta excepción en mente, el lema de la mejora rápida, rigurosa y entusiasta es una buena elección.

Cierra un Acuerdo del Nivel de Servicio

Los acuerdos del nivel de servicio (SLA, en sus siglas en inglés) son documentos utilizados entre proveedores y clientes para garantizar que el servicio cumpla con un nivel acordado.

Los SLA proporcionan un marco en el que puedes revisar el rendimiento que se está teniendo realmente.

Tengo que ser honesto: la mayoría de los acuerdos del nivel de servicio que he visto en la vida real hacen que te muerdas del aburrimiento. Normalmente, son documentos increíblemente largos y tediosos, convirtiéndose en herramientas para vencer proveedores terceros. Desde mi punto de vista crítico, veamos algunos de los problemas que veo con estos tipos de SLA de los que me quejo:

- Están escritos para ser un recurso legal, no para la legibilidad. Se convierten en documentos altamente técnicos que intentan cubrir todas las posibilidades de infracción.
- Están escritos por personas que realmente no entienden el proceso. La forma en que se mide el rendimiento y los elementos del proceso muestran que el individuo que redacta el acuerdo realmente no 'entiende' lo que está pasando.
- Se asignan niveles de servicio arbitrarios, pero no hay suficiente conocimiento sobre lo que es razonable o práctico. A menudo, cuando se te plantea por que ciertos números se han utilizado en un SLA, te das cuenta de que están ahí puesto sin mucha justificación.
- Los niveles de servicio que nunca se han alcanzado se establecen como 'estándar' oficial

a pesar de que se están violando todos y cada uno de los días. De nuevo, a menudo he visto niveles de servicio que ambas partes saben que son inalcanzables y nunca se han logrado, y sin embargo se plasman en el documento.

Con esto todavía en mente, veamos algunos puntos de la checklist que deberían ayudarte a evitar estas trampas:

Checklist

Establecer acuerdos del nivel de servicio

❏ Si se requiere que el documento SLA sea un documento legal, tiene un breve 'resumen para el día a día' diseñado para aquellos que ejecutan el proceso.

❏ ¿Han firmado los SLA los stakeholders que dirigen el proceso?

❏ ¿Se han documentado las justificaciones que existen para los SLAs acordados?

❏ ¿Se han conseguido previamente de manera consistente y con un sentido los SLAs acordados?

Tratar con los problemas

Idea Clave

Problemas comunes en el reporting

Los problemas no resueltos matan a los KPIs e informes

Una vez que el sistema está en funcionamiento, está todavía lejos de poder dejarlo solo. Hacerlo en esta etapa inicial es probable que sea fatal. Aparecerán problemas que ni siquiera te esperabas. Algunos siempre habrán estado allí mientras que otros habrán aparecido. Los sistemas de control de gestión no son cosas estáticas. La gente está constantemente jugando con ellos (y con razón), así que siempre se presentan nuevos problemas.

Estos son algunos de los más comunes que veo en los lugares de trabajo:

- Entrega con retrasos
- Contenido embarazoso
- Contenido desacreditado
- Esfuerzo excesivo
- Grandes crisis operacionales inesperadas
- Poca legibilidad
- Informes largos, complejos o llenos de jerga

Echemos un vistazo rápido a los problemas y cómo lidiar con ellos.

Checklist

Manejar la entrega con retraso de los outputs

Este es uno de los problemas más comunes que veo con los informes. No sólo deja a los tomadores de decisiones clave sin la información que necesitan para hacer buenas decisiones, sino que también socava la confianza en la gestión del proceso de producción de información.

Cuando la entrega llega con retraso:

❑ ¿Se investigan e informan los motivos del retraso al cliente interno lo antes posible?

❑ ¿Puedes tomar medidas correctivas para evitar el retraso en un futuro?

❑ Si los problemas se repiten, ¿será que están resaltando una debilidad subyacente del proceso que necesitas abordar?

❑ ¿Existe un foro apropiado para examinar el rendimiento de la producción de informes, y realmente se examina en este foro?

Si parece haber un problema sistémico, piensa en usar técnicas para la reducción del tiempo de ciclos (ver "Acelera la recopilación de datos con SMED", página 110)

Gestionar contenido embarazoso

¿Le estás pidiendo a un zorro que vigile el gallinero? ¿Le estás pidiendo a alguien que se auto incrimine con los datos? Hace falta alguien muy valiente para que se apunte a eso. Puede valer la pena reasignar la responsabilidad de esa parte en concreto del informe a alguien que esté menos involucrado con los resultados.

Trampa

Omisión de culpa

La forma más común de 'censura de la vergüenza' que he visto es la omisión. Una tabla o un gráfico que simplemente desaparecen. En un entorno de reporting rápidamente cambiante este tipo de omisiones suelen ser muy difíciles de detectar. Por eso es importante crear, y formalmente cerrar, una estructura para el informe. También debe requerirse de una revisión y validación formal antes de poder hacer cambios.

Checklist

Tratar con contenido desacreditado

Esta es definitivamente una situación en la que es mejor prevenir que curar. Si terminas en la desafortunada situación donde se ha descubierto un problema importante relacionado con la calidad de los datos o informes, estas son las cosas que necesitas hacer para asegurarte de que recuperas la situación:

❑   No intentes cubrir con palabras o echando balones fuera sobre cuál podría ser el problema.

❑   Investiga a fondo las razones detrás del problema.

❑   Sea lo más honesto posible cuando tengas que volver a hacer el informe.

❑   Asegúrate de que cualquier explicación sea clara, contenga las acciones correctivas requeridas y tenga un plan creíble.

Lo único peor que el contenido que ha sido desacreditado una vez, es el contenido que ha sido desacreditado dos veces. Si tienes la suerte de tener la oportunidad de corregirlo, asegúrate de que lo haces bien esta segunda vez. Dedica suficiente tiempo, recursos y soporte para solucionarlo adecuadamente. Asegúrate de probar cualquier solución a fondo antes de que llegue a tu cliente interno.

Esfuerzo de producción excesivo

Si es un proceso enormemente tedioso o que requiere mucho esfuerzo para crear una métrica o informe, posiblemente morirá tan pronto como haya pasado esa necesidad urgente. Para evitar esto, debes evitar cualquier queja que pueda surgir y comenzar a pensar en una semi (o completa) automatización, siempre que sea posible.

Checklist

Reducir el esfuerzo de producción

❏ ¿Has mapeado el proceso?

❏ ¿Hay pasos redundantes en el proceso?

❏ ¿Hay otros pasos que se pueden combinar?

❏ ¿Hay actividad manual excesiva, como copiar y pegar en Excel, que pueda ser automatizada?

❏ ¿Se ha examinado el proceso para ver si hay redundancia o se recopila y analiza información excesiva? Si es así, ¿puede ser eliminada?

❏ ¿Hay alguna otra opción para simplificar el proceso?

❏ ¿El responsable tiene la posición adecuada para la tarea requerida? Por ejemplo, vincular mandos intermedios con tareas que son puramente trabajo administrativo.

Checklist

Grandes crisis operacionales inesperadas

Problemas importantes como el retiro de productos, fusiones y desastres naturales pueden causar estragos en cualquier actividad dentro de una organización. En uno de mis clientes, la alta gerencia dejó de tener reuniones estratégicas con una de sus principales cuentas (que representaba el 25% de su facturación) durante una fusión difícil y tórrida. Como era de esperar, ese producto en particular entró en coma casi de manera instantánea en el momento en que esas reuniones se pausaron. Cuatro años después, todavía no habían reanudado esas reuniones estratégicas.

Si la presentación de informes sobre los KPIs se 'congela' debido a eventos excepcionales, necesitas asegurarte:

❏ La razón por la que se 'congeló' está claramente articulada.

❏ Hay intención de revivir esa métrica / informe en una fecha futura.

❏ Esa fecha futura está cerrada.

❏ Existe un foro para plantear cualquier incumplimiento de este compromiso con stakeholders de un nivel apropiado.

Checklist

Legibilidad de los informes

Es importante presentar el informe o dashboard de manera bien clara. Considera si a ti te gustaría leerlo con el formato actual. Algunas cosas a considerar son:

❏ Que no haya un tamaño de fuente por debajo de 8 puntos. Texto del cuerpo en un mínimo de 10 puntos. Y toma nota: he tenido algunos clientes seniors con problemas de visión, por lo que tocará adaptarse a la situación.

❏ Que no haya diferenciación de rojo a verde (esto causa dificultades para aquellos con daltonismo rojo-verde, p. ej., semáforos).

❏ Que no haya texto con colores fuertes con un fondo de colores fuertes.

❏ Que no haya conjuntos de datos superpuestos en los gráficos.

❏ Que no haya gráficos de doble eje Y.

❏ Que no haya gráficos de tipo mixto (por ejemplo, barras con líneas).

Para obtener un método completo con el que mejorar la legibilidad, consulta la "Checklist: Revisar los informes y dashboards existentes - La Brillante Checklist para Dashboards.", página 84.

Checklist

Longitud del informe, complejidad y jerga

No hay una única regla de oro aquí, pero estas preguntas deberían ayudar a decidir la idoneidad de los datos que se están proporcionando:

- ❏ ¿Cuánto tiempo tomaría leer el documento completo correctamente?
- ❏ ¿Qué cantidad de datos hay 'por si acaso'?
- ❏ ¿Qué justificación tienes para los datos 'por si acaso'?
- ❏ ¿Están los términos y acrónimos de la jerga definidos en alguna parte del documento?
- ❏ ¿Podría un lector inteligente pero no especializado entender el informe sin aportes adicionales?

Si hay muchos datos 'por si acaso', esto puede ser un síntoma de un informe que sirve para una reunión muy mal enfocada. Puede valer la pena revisar si hay términos de referencia claros para la reunión. Ver "Checklist: Conceptos básicos para los Términos de Referencia de una reunión " para saber cómo hacer esto, página 74.

Consejo

Usa tus ojos para descubrir lo que la gente realmente piensa sobre los nuevos informes

Uno de los ejercicios más interesantes es observar cómo tu audiencia objetivo usa los nuevos informes en reuniones (o en cualquier evento que se planeen usar). Debes obtener acceso a las reuniones relevantes y posicionarte en un lugar donde puedas observar fácilmente lo que está sucediendo, sin permitir que las personas sepan que está observando.

Las preguntas que debes hacerte son:

Checklist

Descubre lo que la gente realmente piensa de los nuevos informes

❏ ¿Con qué frecuencia miran los documentos?

❏ ¿Parecen haberlos leído de antemano?

❏ ¿Qué partes miran?

❏ ¿A qué partes se refieren?

❏ ¿Qué comentarios se anotaron o se escribieron previamente?

❏ ¿Hay alguna sección que parezca provocar más debate?

❏ ¿Hay alguna parte que todos ignoren?

❏ ¿Hay algún comentario sobre la calidad de los datos o sobre el diseño que deberías trabajar para mejorarlo?

Idea Clave

KPIs y el ciclo de mejora

Una de mis frases favoritas y más usadas es 'No puedes engordar a un cerdo únicamente pesándolo". Es bueno recordar que, sin importar lo importante que puedan parecer los KPIs, estos son solo una parte de la gestión de la empresa. Encajan como parte de lo que se llama el ciclo de mejora.

Una versión del ciclo de mejora que posiblemente te vendrá a la cabeza es PDCA, según nos explica el Dr. W. Edwards Deming. PDCA hace referencia a 'Plan', 'Do', 'Check' y 'Act'. Esta versión del ciclo de mejora está más orientada a la resolución de problemas en lugar del día a día de los negocios.

Los KPIs se encuentran totalmente en la etapa de 'check' del ciclo de mejora.

La clave de cualquier tipo de ciclo de mejora es que la efectividad del ciclo está limitada por el elemento más débil de ese ciclo. No importa si tienes KPIs perfectos; si no actúas sobre ellos no valen nada. Establecer un sistema efectivo para controlar la gestión de la empresa podría ser otro libro en sí mismo, pero aquí hay algunas ideas que deberían ayudarte a identificar si tienes algún problema:

Ciclo de mejora paso 1 - Plan

Expón las expectativas, objetivos y pasos necesarios para lograr el objetivo u objetivos.

Checklist

PDCA - Plan

❏ Hay una estrategia clara o un conjunto de objetivos estratégicos hacia los que se está trabajando.

❏ Puedes explicar claramente cómo se ve el éxito.

❏ Los stakeholders han sido claramente identificados y documentados, idealmente usando algo como una matriz RACI.

❏ Los stakeholders son conscientes de que son stakeholders.

❏ En el día a día, tienes claro lo que estás tratando de conseguir.

❏ Hay una escala de tiempo asociada a lo que estás intentando conseguir.

❏ Se ha asignado una responsabilidad clara a los objetivos.

❏ Se han asignado los recursos correctos para lograr los objetivos.

❏ Has documentado lo que estás tratando de lograr.

❏ Las métricas de los KPIs de referencia tienen:

    ○ Definición de la métrica
    ○ Frecuencia
    ○ Responsable

Ciclo de mejora paso 2 - Do

Cumple con el plan o ejecuta el proceso para crear un producto o servicio. Recopila datos a lo largo del camino que alimentan los pasos 'check' y 'actuar' de este ciclo.

Checklist

PDCA - Do

❏ Asegúrate de que haya un plan de ejecución para el proyecto.

❏ Usa y revisa el plan del proyecto regularmente.

❏ Verifica que los recursos necesarios están disponibles y presupuestados.

❏ Asegúrate de que las herramientas necesarias para las tareas están disponibles.

❏ Asegúrate de que el tiempo planificado de los stakeholders esté disponible según lo acordado.

❏ Asegúrate de que los equipos se están reuniendo entre ellos con la frecuencia necesaria.

❏ Verifica que las tareas se registran y gestionan a través de un registro de tareas.

Ciclo de mejora paso 3 - Check

Analiza los resultados reales en comparación con los objetivos previos del paso 'plan'. En este punto estás buscando deficiencias o problemas. Este paso normalmente implica el análisis formal de los datos.

Checklist

PDCA - Check

❏ ¿Hay al menos de 10 a 30 datos representativos registrados para la medición?

❏ ¿Se resumen los datos de manera significativa?

❏ ¿Se presentan los datos con todas las características e información requerida sin complementos visuales innecesarios?

❏ ¿Se requieren tablas de datos y están presentes?

❏ ¿Se han agregado comentarios apropiados, relevantes y racionales?

- ❏ ¿Se ha compartido el análisis con los stakeholders clave identificados en el paso 'plan'?
- ❏ ¿Se comparte el resultado del análisis a tiempo para permitir a los stakeholders prepararse para las revisiones, hacer preguntas y formar juicios razonables?
- ❏ ¿Se han entendido los **mecanismos** del mundo real que están influenciando sobre los KPIs?

Si la respuesta a esta última pregunta es 'no', entonces puede ser hora de emplear una herramienta estructurada de resolución de problemas como el análisis de P-M.

Mira la siguiente referencia en la biografía para saber más sobre el tema: 'P-M Analysis' de Shirose, Kaneda y Kimura.

Ciclo de mejora paso 4 - Act

Este paso trata de arreglar las cosas para recuperar la actividad 'normal' de la organización y alinearla con los objetivos establecidos en el paso de Plan.

Checklist

PDCA - Act

- ❏ ¿Todos los stakeholders están de acuerdo sobre la importancia de la acción?
- ❏ ¿Se ha discutido y resuelto el disentimiento y el desacuerdo?
- ❏ ¿Existen recursos adecuados para actuar?
- ❏ ¿Se ha acordado el tiempo de inactividad necesario con los responsables del proceso?
- ❏ ¿Hay recursos disponibles para solucionar los problemas?
- ❏ ¿Hay presupuesto disponible (si es necesario)?
- ❏ ¿Se han hecho y compartido notas sobre cambios y arreglos para tener futuras referencias?

Consejo

El secreto para hacer que el ciclo de mejora funcione bien

Los ciclos de mejora nunca son un ciclo de un solo paso. Necesitan múltiples pruebas antes de que comiencen a funcionar correctamente. Tener consciencia de la manera en que los todos los pasos se unifican, pueden ayudar a desarrollar un proceso de 'consciencia' - una consciencia que te permitirá detectar problemas dentro del ciclo y solucionarlos.

Es un ejemplo de aplicarse PDCA a uno mismo.

Hacer el traspaso al equipo del 'día a día'

Asumiendo que tú no formarás parte del equipo de dirección, del de Business Intelligence o del equipo de reporting dentro de la organización, entonces lo más posible es que necesites hacer algún tipo de traspaso una vez que se hayan configurado los KPIs todo esté funcionando correctamente. Si seguiste las checklists anteriores, deberías tener la mayor parte de lo que necesitas ya preparado. Aquí hay una checklist final para asegurarte de que tienes cubiertas las cosas importantes:

Checklist

Traspaso a los equipos del 'día a día'

❏ Definición completa de cada KPI - documentada en papel y / o en una base de datos.

❏ Mapa(s) de proceso que muestren el proceso de producción para cada métrica o KPI.

❏ Guías de usuario para las personas que producen cada métrica o KPI.

❏ Un documento SLA amigable, escrito para seres humanos, que cubra los niveles de servicio acordados con la justificación detrás de esos niveles. Si este documento es complejo, entonces necesitarás un documento resumen para referencias rápidas y simples.

❏ Plantillas, hojas de cálculo, etc. para producir informes y dashboards.

❏ Un registro de acciones que muestre lo que sucedió y todo lo que todavía está por hacer.

❏ Asegúrate de que cada acción tenga un 'quién', 'cuándo', 'cómo' y 'qué' asociado a ella.

❏ Una lista, con datos de contacto, de cada persona clave involucrada en la producción de estos documentos.

❏ Reserva una sesión de seguimiento para asegurarte de que el traspaso se haya realizado sin ningún inconveniente.

Mantener los nuevos KPIs

Si has completado todo el viaje de desarrollo de KPIs y todavía sigues leyendo, antes que nada 'Bien hecho'. Hay innumerables formas de frustrarse o sabotearse durante el camino. La atención de los ejecutivos puede vagar como la de un niño privado de sueño. Los departamentos de IT tienen una capacidad brillante para hacer que todo sea tan lento y costoso que la gente simplemente se rinda y los KPIs pueden volverse tan complejos que pasen a ignorarse. Una vez que tu sistema de KPIs está funcionando, es tentador pensar que todo el trabajo está hecho. No es así. Incluso los sistemas de medición exitosos pueden descarrilarse y ser destruidos por una amplia variedad de razones.

Problemas típicos con sistemas de KPIs establecidos

Idea Clave

Puede ser útil observar las cosas que descarrilan los proyectos de KPIs establecidos para poder "investigarlos" y ver qué deberíamos estar haciendo para evitar esos problemas.

Estos son algunos de los problemas comunes más serios que matan a los sistemas de reporting ya establecidos:

- **Cambio rápido de estrategia** - KPIs que alguna vez fueron vistos como clave ya no se consideran relevantes. Esto sucede cuando los sistemas de medición no se revisan en paralelo con los cambios de estrategia.

- **Desastres o eventos inesperados** - Las personas se distraen por una urgente emergencia comercial y nunca vuelven a entrar en la rutina de recopilación y análisis de datos.

- **Pérdida del apoyo principal** - Un sistema mantenido vivo por la voluntad y el interés de un senior que le apoya, colapsa rápidamente en su ausencia.

- **'Tierraplanistas'** - Algunas personas

simplemente no creen en la gestión basada en datos. "Para ser honesto, creo en el instinto, en lugar de las métricas", para citar un ejemplo de la vida real con el que es frecuente toparse.

- **Pérdida de especialistas clave** - Puede ser el 'ninja de los Excel' que preparaba un informe o un analista de negocios que tenía conocimiento de SAP. Hay ciertas habilidades en la mayoría de los sistemas de recolección de KPI que son especialistas y clave para el funcionamiento del sistema.

- **Desconfianza del output** - Tan pronto como escuches comentarios como "Esta métrica se basa en datos dudosos", deberías estar seriamente preocupado. Si no se aborda, la falta de confianza generará rápidamente informes y paneles sin valor.

- **Entropía** - La definición no técnica de entropía es 'un desliz gradual hacia el desorden'. Los sistemas necesitan atención y mantenimiento para funcionar correctamente. Los sistemas de KPIs, si se descuidan, caerán en mal estado.

Cómo puedes adelantarte a tus problemas específicos

Un enfoque que funciona bien es realizar una sesión de 'brainstorming inverso' con los stakeholders. Haz que identifiquen los posibles problemas y soluciones. No solo es probable que se les ocurra una lista mucho más completa y detallada, sino que conseguirás su 'aprobación' de manera casi automática para estos remedios. Algo que sería imposible si simplemente les dieras una 'clase teórica'.

Cogiendo estos puntos negativos, podemos crear un conjunto de compromisos y comportamientos para contrarrestar el riesgo. Siguiendo los ejemplos anteriores:

Consejo

Brainstorming inverso

Un enfoque que funciona bien es realizar una sesión de 'brainstorming inverso' con los stakeholders. Haz que identifiquen los posibles problemas y soluciones. No solo es probable que se les ocurra una lista mucho más completa y detallada, sino que conseguirás su 'aprobación' de manera casi automática para estos remedios. Algo que sería imposible si simplemente les dieras una 'clase teórica'.

Cogiendo estos puntos negativos, podemos crear un conjunto de compromisos y comportamientos para contrarrestar el riesgo. Siguiendo los ejemplos anteriores:

- **Asegúrate de que cada revisión de la estrategia incluya revisión formal de los KPIs**. Hacer esto asegura que las métricas sigan guiando el negocio en la dirección a la que queremos ir.

- **Establece una fecha de 'despertar' para las métricas y reuniones inactivas.** Puede no ser realista el mantener cada KPI en ejecución durante un acontecimiento corporativo complejo e incluso traumático, como una fusión, pero puedes fijar una fecha en el futuro para revisar y quizás revivir esas métricas.

- **Difunde el apoyo de los seniors - Convierte a los pensamientos 'tierraplanistas' en una cultura inaceptable.** De la misma manera que es inaceptable ignorar los principios de salud y de seguridad, también debería convertirse en inaceptable el estar orgulloso de la gestión por "instinto". La nueva cultura necesita ser defendida y difundida por la mayoría de los stakeholders seniors.

- **Identifica las dependencias de una sola persona en la producción de KPI.** Herramientas como la Skills Matrix existen para identificar dependencias en una sola persona. Detectar y actuar sobre estos riesgos temprano ayuda a evitar crisis y problemas por falta de talento o habilidades.

- **Ten un SLA y un proceso para lidiar con problemas de precisión.** Tener un proceso claramente definido, con niveles de servicio acordados, para corregir los problemas, ayudará a mantener la confianza en la gestión del sistema de información.

- **Asigna recursos al mantenimiento.** Los sistemas de gestión no aguantan por sí solos. Es crucial tener un miembro del equipo bien informado y comprometido que cuide el sistema después de la configuración inicial. Puede que este no sea un rol a tiempo completo, pero es importante que se haga responsable de las actualizaciones sobre el estado del sistema y los problemas identificados.

No me gustan las cosas confusas, pero...

Como probablemente te hayas dado cuenta, no me gustan las confusas y metafísicas descripciones, sino que me gustan las acciones específicas tangibles. Esta es la razón por la que escribí este libro con una serie de checklists específicas y algo de explicación de por medio. Habiendo dicho esto, parte de una implementación exitosa de KPIs se encuentra en tener la mentalidad correcta. Si tienes experiencia con Lean o Six Sigma, sabrás lo que quiero decir. Simplemente aplicando herramientas y checklists obtendrás una parte del camino, pero después de eso debes prestar atención de manera regular y enfocada a lo que es lo que estás tratando de lograr. También necesitas tener un conjunto de principios en el fondo de tu mente. En Lean se trata de una implacable simplificación y reducción de residuos.

Como pensamiento final, cuando se trata del desarrollo de KPIs y sistemas de reporting, se puede resumir la mentalidad ideal como:

- Persistente escepticismo constructivo.
- Un sesgo hacia la simplicidad.
- Deseo de estructura y orden.
- Atención constante a los objetivos organizacionales.
- Siempre recordando que el cliente final es un ser humano.

Espero que hayas encontrado útil este libro. ¡Buena suerte con tus futuras aventuras con los KPIs!

Una última cosa... nos encanta el feedback

Nos encanta el feedback. Es lo que hace que valga la pena escribir. Te dejamos un correo electrónico por si tienes alguna idea para compartirnos o preguntas - bernie@madetomeasurekpis.com. Si crees que este es un libro valioso, las recomendaciones pueden ayudarnos a marcar la diferencia, ¡así que por favor déjanos un comentario en Amazon - Gracias!

Otras checklists útiles

Apéndice

Más sobre reuniones

Usar reuniones para la toma de decisiones

Las reuniones son piezas clave en todas las organizaciones. Los KPIs y los informes son los engranajes para esas piezas. Proporcionan las preguntas, detalles y, a veces, incluso las explicaciones necesarias. Muestran si las reuniones anteriores han sido o no productivas y exitosas. Cómo usas la información en las reuniones es absolutamente vital para el ciclo de mejora.

Comportamiento en una reunión

Especialmente donde ha habido una falta de datos de buena calidad en el pasado, puede costar bastante tiempo y esfuerzo cambiar el comportamiento de una reunión y la cultura respecto a estas. Algunos signos de mal comportamiento en una reunión sin datos incluyen:

- Gritos frecuentes.
- La opinión más importante 'senior' en la sala gana.
- Sobre análisis de los problemas en la reunión, pero sin evidencia o datos.
- No acordar acciones significativas y prácticas. Falta de acciones documentadas.
- Excesos frecuentes de tiempo asignado.
- Los stakeholders principales esquivan deliberadamente la asistencia a la reunión.

Ya deberías haber desarrollado los Términos de referencia de una reunión, pero si no lo has hecho, consulta "Establecer reuniones que funcionen" para obtener información relevante sobre cómo preparar reuniones y las checklists, página 74.

Cambiar este comportamiento requerirá de un esfuerzo sostenido y focalizado. Muy a menudo, al más estilo primates, la sala seguirá todas las señales y decisiones de la persona más senior. Esta es probablemente la persona con la que necesitarás pasar la mayor parte de tu tiempo y esfuerzo.

El Presidente desempeña un papel clave para mantener la reunión en buen camino. Girar las sillas (cambio de personas, no asientos que giran durante la reunión) es todo 'bueno y elegante' en teoría, pero realmente puede socavar cualquier intento de cambiar el comportamiento. Puedes decidir convertirte en una dictadura fascista, con un presidente estático, al menos durante algunas reuniones hasta que los comportamientos hayan comenzado a cambiar para mejor.

Estas son algunas de las cosas que debe hacer el Presidente:

Checklist

Presidir reuniones

❏ Desafía a los asistentes que no se hayan preparado la reunión ni mirado los datos.

❏ Asegúrate de utilizar los datos en los puntos relevantes de cada reunión.

❏ Intercepta y corta cualquier argumento infructuoso, seguido de una acción para reunir la información relevante y datos para poder hablarlo de manera informada en la próxima sesión (si eso permite suficiente tiempo para recopilar la información correcta).

❏ Sigue el horario marcado.

❏ Usa técnicas como 'la ronda del rayo' (ver más abajo) para detener a los 'enredadores' de acaparar toda la reunión con mucho tiempo de palabra y monólogos sin sentido.

Si las reuniones se repiten regularmente, debes considerar si están todas mal ejecutadas o si el intervalo de tiempo es lo suficientemente largo como para discutir todos los temas que deben tratarse.

¿Los informes tienen sentido?

A menudo he estado en una situación donde los informes son impenetrables y difíciles de leer. Solía pensar que era solo yo por ser algo estúpido, pero he descubierto, a través de la experiencia, que los "expertos" en una organización a menudo se sienten igual, aunque tienen miedo de admitirlo. Aquí hay una forma rápida de analizar la situación utilizando cinco preguntas.

Checklist

¿Son comprensibles los informes?

❏ ¿El informe tiene sentido para ti?

❏ ¿Has preguntado a los clientes internos si el informe tiene sentido para ellos?

❏ ¿Se ha probado el informe o el dashboard con una persona inteligente, pero para nada profesional del tema?

❏ ¿Has preguntado específicamente a los clientes internos cómo podría mejorarse la claridad del informe?

❏ ¿El informe o el dashboard requieren de una sesión informativa especializada? Si es así, ¿cómo puede acceder fácilmente alguien que no ha recibido esa información?

Trampa

Mantener a los stakeholders 'a un lado'

A nadie le gusta que lo arrinconen, sobretodo delante del jefe. Piensa muy cuidadosamente sobre cómo se puede compartir la información de una manera que brinde a todos la oportunidad de "hacer lo correcto" y prepararse adecuadamente para la reunión, en lugar de sentirse desplazados por inesperados e inoportunos resultados.

Consejo

La ronda de la reunión relámpago

Esta es una técnica utilizada en reuniones en que las personas que deben dar facilitar las actualizaciones son propensas a divagar durante demasiado tiempo. Muy simple, le das un intervalo fijo para cada uno de los ponentes, con el que tendrán que actualizarlo todo. Por lo general, será de 60 segundos. No parece mucho tiempo, pero con una reflexión y preparación previa, es sorprendente cuanta información útil se puede empaquetar en un período corto. Las frases clave aquí son **reflexión y preparación previa**. Estos comportamientos son exactamente lo que la ronda de rayos está buscando conseguir. Debería ayudar a evitar enrollarse y resaltar cuando la gente lo está haciendo.

Evaluar la relevancia de una reunión

Dos de las críticas más comunes de las reuniones es que son largas y tediosas. La causa principal de esto puede ser que el objetivo de la reunión esté mal definido y que muchos de los puntos de la reunión no sean relevantes para la mayoría de las personas en esa reunión.

Si sospechas que la reunión puede ser demasiado larga por tocar muchos temas, sugiero que crees una matriz de relevancia. Esto consiste en poner a los asistentes en un eje y los principales temas de discusión en el otro. Luego añadir un ícono que represente los estados (emoticonos como en el ejemplo a continuación) al lado de cada nombre y tema, según la relevancia que tenga para cada uno. Aquí una versión muy simple, para que te hagas una idea:

Tema	Asistente						
	CEO	Head of Risk	Head of IT	Head of NPD	Head of Finance	Head of Sales	Head of Legal
Rendimiento financiero	Relevante	Algo relevante	Algo relevante	Algo relevante	Relevante	Relevante	No relevante
Quejas	Relevante	Relevante	Algo relevante	No relevante	No relevante	Relevante	Relevante
Salud y seguridad	Relevante	Relevante	No relevante	Algo relevante	No relevante	No relevante	Relevante
Legal	Relevante	Relevante	No relevante	Relevante	No relevante	No relevante	Relevante

Fig. 8.1: Una matriz de relevancia de reunión

Si decides tratar un problema de relevancia, tienes un par de opciones:

- Divide la reunión por partes, para que las personas puedan estar en las partes relevantes sin tener que estar toda la reunión.
- Separa los temas de la reunión actual en próximas reuniones.

Puedes descargar una plantilla de la matriz de relevancia para reuniones desde aquí:

https://madetomeasurekpis.com/descargas-del-libro-kpi-checklists/

Debatir en reuniones

El debate es bueno, pero demasiado debate es mortal. Hay una delgada línea muy fácil de pisar entre una buena discusión saludable y la indecisión paralizante. Desafortunadamente, no hay una regla clara aquí; todo se reduce a la habilidad de quien facilita la reunión. Esta es otra razón para encontrar un buen facilitador y seguir con él en lugar de cambiar cada una de las reuniones.

¿Todos los participantes de la reunión entienden realmente lo que se está discutiendo?

Este es un tema que rara vez escucho que se trate, pero es un problema real en muchas organizaciones. En algún punto de la jerarquía organizacional se convierte en inaceptable admitir que no entiendes algo. A veces existen razones legítimas para no entender lo que se presenta. Desafortunadamente, la deferencia jerárquica nos lleva a que los datos ininteligibles o incomprensibles puedan presentarse y aceptarse sin un desafío relevante, al más estilo 'traje hecho a medida'.

Cumplir las reglas

No es que sea un fascista de las reuniones. Soy consciente de que las reuniones no son solo para tomar decisiones, sino que también son eventos sociales. Las reglas pueden ayudar a mantener el rumbo, especialmente si están formuladas y acordadas por los participantes. Aquí hay algunas reglas típicas que te podrían ser de utilidad:

Checklist

Ejemplo de lista de checklist sobre reglas de reunión

❑ Agenda y datos enviados X días (horas) antes de la reunión.

❑ Mentalidad de 'llegar a tiempo o no entrar'.

❑ Escuchar cada aporte.

❑ Solo una persona habla a la vez.

❑ Teléfonos y ordenadores apagados.

❑ Llevar la resolución de problemas fuera de la reunión.

❑ Próximas acciones y actas compartidas dentro de las dos horas siguientes al finalizar la reunión.

❑ Revisar las acciones y actas anteriores.

Vale la pena reiterar que la mayoría del comportamiento de las reuniones no está determinado por las reglas escritas sino por las capacidades y el comportamiento de quien preside la reunión. Por lo tanto, elige a esa persona con mucho cuidado.

Solicitudes de informes ad hoc

Uno de los grandes desafíos que he visto repetidamente, es el flujo constante de solicitudes ad hoc que les llegan a los equipos de gestión de la información y KPIs con los que he trabajado. Las solicitudes suelen ser necesarias para presentar en las reuniones, originadas por necesidades 'urgentes' del negocio y solicitadas por personas seniors, así que decir 'no' no es una de las opciones.

Aquí hay algunos pasos que pueden ayudar a poner algo de estructura en el debate de si estas solicitudes están perjudicando seriamente al día a día y a las funciones del departamento.

Checklist

Comprender las solicitudes de informes ad hoc y su impacto

❏ ¿Con cuántas solicitudes ad hoc se está tratando?

❏ ¿Cuántos recursos están ocupando esas solicitudes ad hoc?

❏ ¿Qué trabajo programado previamente se ve afectado por las solicitudes?

❏ ¿Las solicitudes ad hoc muestran deficiencias en el cronograma actual de producción de informes?

❏ ¿Debería el trabajo ad hoc convertirse en un outcome regular?

❏ ¿Qué posibilidades hay para proporcionar herramientas 'self-service' para estas solicitudes?

Capturar acciones de la reunión

Esto no está estrictamente relacionado con KPIs, pero es importante. Gestionar acciones de manera efectiva es absolutamente crucial. Si su reunión no genera acciones bien definidas, entonces debes preguntarte si están aportando algún valor.

Checklist

Checklist para gestionar acciones de las reuniones

❏ ¿Existe una persona / método acordado para registrar acciones?

❏ ¿La descripción de la acción está claramente registrada?

❏ ¿Se registra la razón de la acción?

❏ ¿La acción está asignada a una persona específica?

❏ ¿Hay un cronograma asignado a la acción?

❏ ¿Se revisan y actualizan formalmente las acciones anteriores?

Bibliografía

Bibliografía

Gran parte del estilo de presentación que uso, tanto en este libro como en los dashboards e informes que diseño, han sido fuertemente influenciados por los siguientes libros:

How to Make an IMPACT: Influence, Inform and Impress with Your Reports, Presentations and Business Documents
Financial Times Series
Autor Jon Moon
Editorial Financial Times / Prentice Hall
ISBN 0273713329, 9780273713326

El libro de Jon Moon es un libro muy fácil de leer y práctico sobre cómo presentar texto, tablas y diagramas. Una lectura obligada si quieres liberarte de la tiranía de las viñetas y las plantillas homogéneas.

Information Dashboard Design: The Effective Visual Communication of Data
O'Reilly Series
Safari Books Online
Autor Stephen Few
Editorial O'Reilly Media Incorporated
ISBN 0596100167, 9780596100162

Muchas de las ideas que uso en mi enfoque 'BlinkReporting' provienen del libro de Stephen Few. Es más un libro fuente que una lectura para antes de ir a dormir, siendo una fuente muy útil de ideas y ejemplos.

The Visual Display of Quantitative Information
Autor Edward R. Tufte
Editorial Graphics Press USA
ISBN 0961392142, 9780961392147

Este es un clásico del padre de los mini gráficos. Para ser honesto, es el libro que menos me he leído, ya que tiene un enfoque académico muy denso. Sin embargo, es imposible criticar las ideas e influencia de Tufte. Vale la pena tenerlo ya solo por la calidad del ejemplar físico.

The Checklist Manifesto: How to Get Things Right
Autor Atul Gawande
EditorialProfile Books
ISBN 1846683149, 9781846683145

Este es probablemente el más 'indispensable' de los libros de esta lista. Es un argumento muy convincente a favor de las checklists en la mayoría de los entornos profesionales complejos.

HBR's 10 Must Reads On Strategy
Autor Harvard Business Review
Editorial Harvard Business School Press
ISBN 9781422157985, 1422157989

Es un conjunto de artículos claros, simples y realmente bien escritos sobre los fundamentos de la estrategia. Un texto clásico (y legible).

P-M Analysis
Autores Kunio Shirose, Mitsugu Kaneda, Yoshifumi Kimura
Editorial Productivity Press, 2004
ISBN 1563273128, 9781563273124

El análisis de P-M es una metodología TPM (Total Productive Maintenance) muy poco conocida para resolver problemas realmente complejos. Merece ser mucho más conocida porque es incomparable para problemas difíciles basados en procesos. Lo he usado durante casi 20 años y lo encuentro pesado de aplicar, pero indispensable para las situaciones correctas.

BlinkReporting
Autor Bernie Smith
Editorial Metric Press

Bibliografía

ISBN NA - Solo en versión descargable
Lo puedes descargar en inglés en http://bit.ly/19FqTP9

Artículos

When the Fortress Went Down

de Phillip S. Meilinger
https://www.airforcemag.com/article/1004fortress/

Atul Gawande habló sobre la historia de las checklists en 'The Checklist Manifiesto'. LE eché un vistazo a este artículo web al que hizo referencia y usé muchos de los detalles de este para escribir la introducción de este libro.

Índice

Índice

Índice

Made in the USA
Middletown, DE
30 August 2024

60077906R00116